ポピイとデイジイ

チャコと2匹の子犬

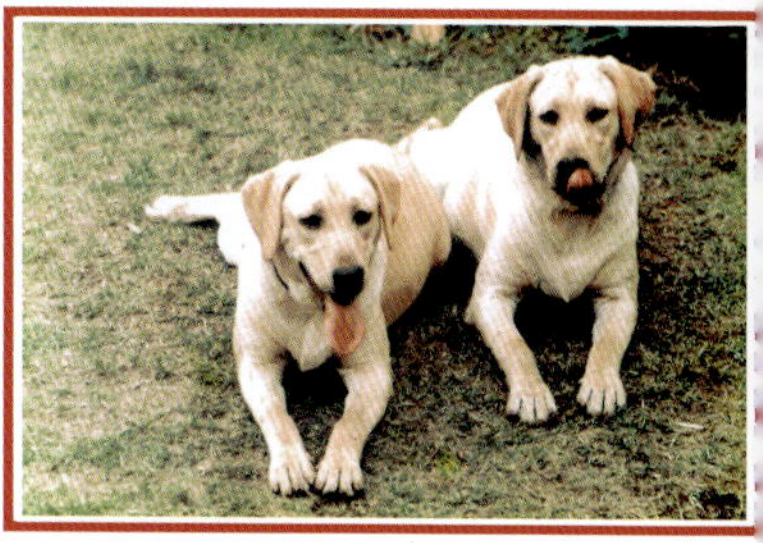

発育した2匹

来たばかりの頃

なになに？

幼稚園卒業迫る頃

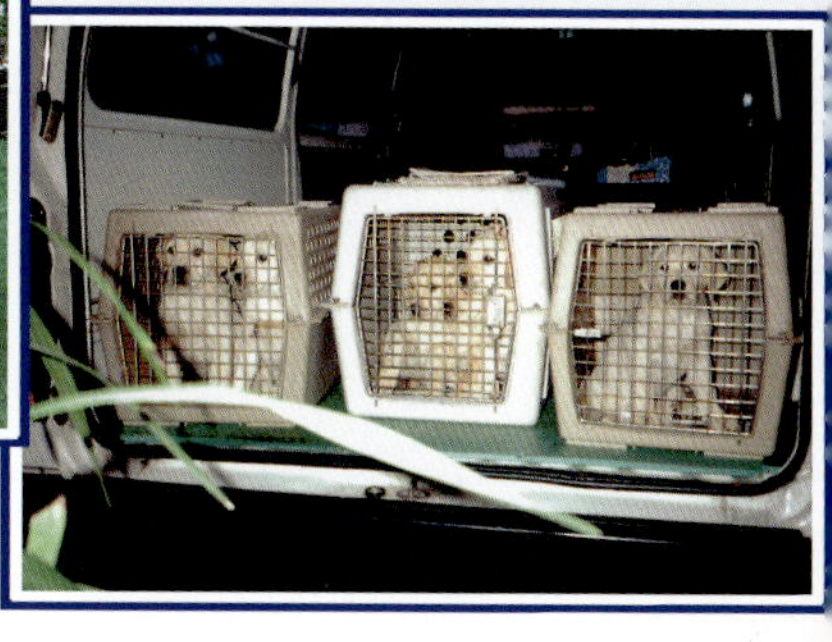

門出

出産
子育て
門出

出産後約10日

寝る子は育つ

戸外にて

ジェード出産直前
ラズベリーも
豊作

千客万来

犬が3匹集まれば

マチルダ
ジェード
マライヤ

マチルダとミミ
ミミが来たばかりの頃

鵠沼界隈とマチルダの晩年

鵠沼海岸／海が好きだったデイジイ

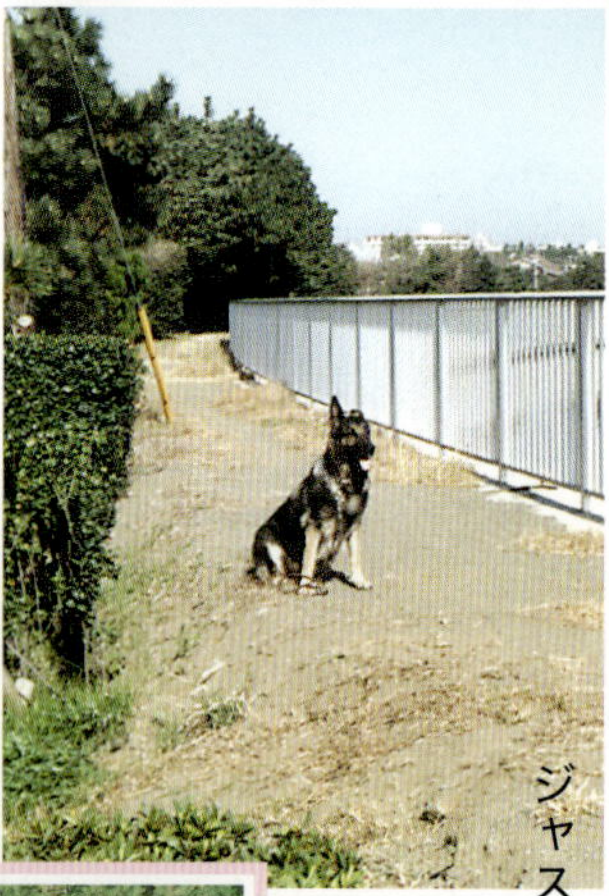

ジャスミンと川べりの道

「盲導犬クイール」出演後のマチルダ

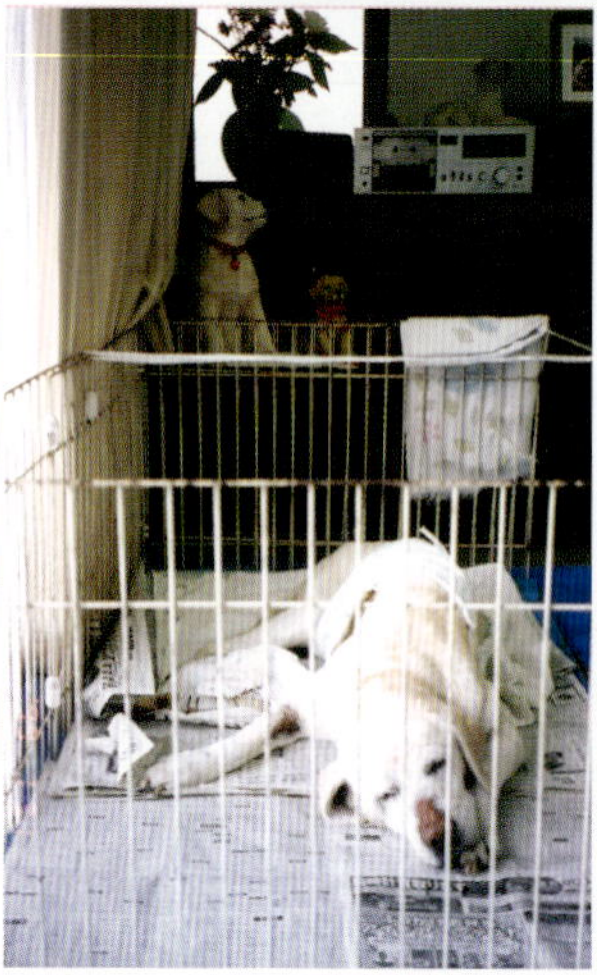

写真提供　曽田券正

犬たちの卒業アルバム

―定年からの盲導犬ボランティアの日々―

井上震太郎 著

オクムラ書店

——私たちよりはるかに遅く生まれてきて　先に死んでゆく最良の友たちよ

コンラート・ローレンツ

まえがき

著者、井上震太郎さんは、関東大震災があった一九二三年生まれ。八十歳を越えた今でも大変お元気で、日々生き生きと暮らしていらっしゃいます。

いわば人生の大先輩ともいえる井上さんの元気の源は何か。それは、定年後二十年余りの月日を費やしてきた、盲導犬のボランティアの活動でした。盲導犬の「飼育」ボランティアについては、テレビドラマや映画にもなった「盲導犬クイール」の大ヒットで、多くの人の注目を集めましたが、井上さんは、「飼育」ボランティアを経て、盲導犬候補となりうる適性を持った子犬を確保するために、有能な母犬を預かって、その子犬を繁殖させる「繁殖」ボランティアを続けてきたのです。この二十年間に、預かった母犬は六頭。とりあげた子犬の数は百頭以上。約五十頭の盲導犬を世に送り出してきました。

井上さんは、東京商大予科（現一橋大学）から学徒出陣し、復員後、進路を変更し、麻布獣医畜産専門学校（現麻布大学）に入学、獣医師の資格を取得しました。そして、一九五〇（昭和二十五）年、乳業会社に酪農部員として就職します。飽食の時代となった今でこそ、牛乳消費の低迷に頭を悩ます酪農家の話題をしばしば耳にしますが、戦後の食糧難の時代に、栄養豊富な牛乳を増産し確保するというのは、乳業会社にとっての使命でもありました。会社の期待を一身に背負って任務に当たる酪農部員は、社内でも花形の職業だったのです。それは、海外旅行が夢だった時代に、半年もの間、酪農先進国であるスイスに研修に行くよう命じられた、という井上さんご自身の経験からもよく分かります。

酪農部員＝獣医師は、契約農家を増やして乳牛を確保し、健康管理に当たるだけでなく、与える飼料の栽培から、しぼった原料乳の管理や取り扱いまでを指導する立場にありました。転勤も多く、宮崎、埼玉、富山、北海道、福島、栃木、大阪といった具合に全国各地に赴任し、みどり深い山の中を自分の足で歩いて農家の開拓をしていく仕事は、人と人とのふれあいだけでなく、動物たちとのふれあいの場でもありました。井上さん一家と犬とのかかわりは、そうした農家で生まれた子犬をもらってきたことから始まります。転勤族であった井上さんご自身は、途中で犬を手放さなければならなかったり、単身赴任をしなければならなかったりして、なかなかゆっくり犬と過ごす時間がありませんでした。それでも、井上さんにとって犬の存在は、家族のきずなを深めてくれる大切なものだったのです。

獣医師とはいえ、サラリーマンとして会社勤めをしていた井上さんは、定年を間近に控えていた五十代の前半に、盲導犬の飼育というボランティア活動に出会いました。それがきっかけで、その後二十年以上も盲導犬の繁殖に携わることになったのです。

ボランティアといっても、命をはぐくむ仕事ですから、責任は重大です。しかも、定年後という人生後半の時期ですから、井上さんご自身が、がんに侵され闘病生活を強いられたり、家族の変化や親の介護といった問題を抱えたりすることも生じました。けれども、繁殖ボランティアという生きがいがあったからこそ、それを生活の柱にしながら、その時々の困難な状況に対応できたといいます。

「最初は、定年後、ただ家でボーッとして過ごすのではなく、何か言い訳が欲しかったんです(笑)。犬を散歩させるにしても、社会のためにやっているんだ、という気持ちがあれば、自負心が持てるじゃないですか。やはり、人間は社会とのかかわりがあって、初めて生きがいを感じながら、生き生きと日々を過ごせるのではないでしょうか」

と、井上さんは言います。

本書に記した井上さんと犬とのかかわりは、井上さんのこれまでの長い人生のほんの一部にすぎません。けれども、一家のあるじとして、サラリーマンとして過ごしてきた井上さんが、第二の人生を迎えるにあたって、どのような準備をし、どんなことを考え、思いながら、その後の日々を過ごしてきたのか、ということは彼の人生にとって大きな部分を占めることだと思います。すでに定年を迎えた方、これから第二の人生を迎える方にも、その思いは、犬とのかかわりを通して伝わってくるでしょう。

この本を手にした方が、井上さんの体験を、ご自身の人生を考えるきっかけやヒントにしてくだされば幸いです。もちろん、盲導犬の飼育・繁殖ボランティアの仕事や、犬との生活の素晴らしさについても、じゅうぶんに知ることができると思います。

オクムラ書店編集部

＊プロフィールと解説は、編集部で加筆しました。

もくじ

星になったポピイ

―飼育奉仕の思い出―

プロフィール
1977年（昭和52年）

井上震太郎さん	1923年生まれ	54歳
妻・春子さん	1930年生まれ	47歳
長女・絢子さん	1952年生まれ （私立中学音楽講師）	25歳
長男・洋一郎さん	1955年生まれ （音楽大学在学中）	22歳
次女・雅子さん	1958年生まれ （デザイン専門学校在学中）	19歳

当時いた犬

チャコ：

富山県高岡に赴任していた時期に飼い始めたコリイの3代目。

ポピイとデイジイ：

初めての盲導犬飼育奉仕で預かったラブラドールレトリーバー2頭。

この当時、井上さんが勤めていた乳業会社の定年は五十六歳。結果的には、六十歳まで嘱託として働き、別の関連会社に役員として六十四歳まで勤めることとなったが、二年後の定年を意識し始めた年とも言えよう。

二年後の定年を前に、第二の人生として何か社会的な活動に携わっていきたいと考えていた折、妻の春子さんのお友達から「盲導犬の飼育奉仕（ボランティア）」をやってみないか、という誘いがあった。まだ盲導犬に関する知識や理解が今ほど普及していなかった時代であったが、井上さんは、「好きなことをしながら一人の人を幸せにするお手伝いができる」と、家族とも話し合って子犬を迎えることに決めた。この時に迎えた子犬が、ポピイとデイジイ。ポピイは、井上さんが育てた子犬の中で、初めて盲導犬として巣立っていった犬である。

盲導犬の育成を手がけている協会は、いくつか存在するが、井上さんが関わっているのは「アイメイト協会（所在地：東京都練馬区関町北五―八―七　電話：〇三―三九二〇―六一六二）」という団体である。創始者で理事長の塩屋賢一さんは、戦後、全くの手探りで盲導犬の育成に取り組み、多くの苦難を経て盲導犬育成のパイオニアとなった方だ。日本の盲導犬第一号チャンピイを世に送り出した話は、テレビや本で紹介されたので、ご存知の方も多いだろう。

盲導犬を育てるには、ボランティアの存在が欠かせない。よく知られているのは、一歳になるまでの子犬を、家族同様に愛情をもって育てる「飼育奉仕（ボランティア）」の仕事である。しかしその他に、盲導犬として働けなくなったリタイア犬の最後までをみとる「介護奉仕（ボランティア）」や、盲導犬の候補となりうる血統の優れた犬を繁殖する「繁殖奉仕（ボランティア）」の仕事もある。つまり、目の不自由な方に寄り添って働いている時期以外の盲導犬は、すべてボランティアによって支えられているのだ。

ここでは、繁殖奉仕に携わる前に初めての飼育奉仕で育てた二頭の犬とその後のエピソードを、井上さん一家の関わりを交えてご紹介しよう。

（一）

飼育奉仕をすることになったのは、全くの偶然だった。

高岡時代、三人の子どもが全員就学したのと相前後してペットとして飼いはじめたコリイの雌の子犬は素晴らしい犬だった。だから、その後の転勤暮らしの間にも、彼女の血統を残したくて繁殖し、多いときは孫まで三代、三頭の犬が、子どもたちが成長期にあるわが家の日々に輝きを添えてきた。犬は家族の一員として欠かせない存在だったのである。

昭和五十二年の二月、八年間に及ぶ大阪での長い単身赴任生活を終えて戻ったとき、それまで飼っていたコリイの親、子、孫三頭の一族が次々に昇天し、最後の一頭であるチャコも八年間に及ぶ私の不在で、後継ぎも残せぬままに老衰し、余命も残り少なくなっていた。そして児童だった子どもたちも、すでに成人、あるいはその目前に達していた。

そのような時期だったから、そろそろ代わりの犬を決めよう、あれが良い、これにしようかという話題も夕食の食卓をにぎわすようになっていたのである。

その折から、たまたま妻の知人が盲導犬の飼育奉仕をしないかと言ってきた。ラブラドールの善意に満ちた顔や、健康に輝く頑健そのものの姿は、もともと次に飼う犬種の第一候補になっていた。だが飼育奉仕は一年の期限があるから、返すときのことを思うと簡単には決めかねる。しかし犬は早く欲しい。結局、好きなことをしながらその結果が一人の人を幸せにするというのなら、こんなうまい話はないし、年を取って寂しくなったチャコの良い遊び相手にもなるだろう、とにかくやってみようと家族の意見が一致した。

協会に問い合わせると、まだ引き受け先が決まっていない子犬が何頭か残っているという。早速、四月の最後の休日に協会まで車で出掛けた。このときは次女の雅子が私たち夫婦に同行した。以来わが家の犬係の主役になった彼女は、その春、東京のデザイン専門学校の二年に進級したばかりだった。

協会がまだ元の場所にあったころで、名前も「東京盲導犬協会」という旧称で、場所も、同じ練馬区でも吉祥寺のすぐ真北の、家々に包囲された窮屈な場所にあった。この辺りは、協会の前身が発足した敗戦直後はまだ武蔵野の風情が残る郊外だったはずだが、今では密集した住宅地を区切る狭い一方通行の道路に囲まれて、逃げ場がないように追い込まれていた。

小学校低学年のころ、私もこの辺りに住んでいて、駅の反対側の井の頭公園近くの私立小学校に通っていた。広い畑の彼方には富士山が見えたし、秋の終りには欅《けやき》落葉が散り、冬には麦畑の土ぼこりを舞い上げる西風の中で電線がうなっている……そんな郊外だった。思えば畑の中に建ち始めた小さな一戸建ての借家だったが、当時流行の赤い屋根の洋間付きだったわが家も、その家自体がのどかな田園風景の一点景だったはずだ。その田園風景も、密集住宅に塗りつぶされて今はなく、かろうじて点々ととり残された欅の大木に往年の面影をしのばせるだけになった。

しかしそんな感慨は、早く子犬を見たいという期待にたちまちかき消されてしまう。

初めてお目にかかった理事長は、敗戦直後の波乱で勤め先が倒産して以来、趣味だった犬の訓練で生計を立てて成功したが、これにあき足らず、全くの手探りで盲導犬の養成事業に取り組み、多くの苦難を経て日本のこの分野のパイオニアになったという方で、温顔の中にもその自信や信念が表れていた。たんなる愛犬家相手の仕事よりはるかに社会的な意義がある、つまり、障害者の自立を助けようという信念がこの苦闘を支えてきたことを、その後私も知るようになった。

コンクリート舗装《ほそう》の構内は、フェンスに囲まれた五十坪ほどの四角い運動場を、左手から理事長私宅、手前が事務所と受講者や職員の宿舎、そして右手には、食堂や会議室とその先に続く犬舎などが、コの字形に三方から囲む構造になっていて、事務所と運動場の間には二十坪ほどの、簡単な訓練や犬のシャンプーもできるスペースがあった。

犬舎といっても、横に長い物置のような建物の中に、とりあえず大型の輸送用のケージを積み重ねて並べただけである。長年の辛苦と、同時に、立地条件に制約されながらも年々忙しくなる事業の伸展、つまり取り扱う犬の増加を、さまざまな工夫でしのいできたことがうかがわれた。そして、理事長の理想に共鳴して集まった若い指導員たちは、犬の訓練やブラシ掛けなど、各自それぞれの持ち場に余念がない。ケージに収納されている犬たちも、声一つ立てずに泰然と待機している。

もっとも、この第一印象は後日改めて顧みたもので、当日の私は、この飼育環境を一瞥《いちべつ》したあと、専ら子犬の姿を求めていた。そしてそれはすぐに見つかった。

運動場と事務所の間のスペースの左手、日当りの良い一隅に、いかにも順調に育っているらしい五、六匹の子犬たちがいた。全部イエローと呼ばれる毛色で、ベージュ色の柔らかい被毛に守られた生きたぬいぐるみが、彼らの将来のすべてを支える無心の瞳と、真っ黒にぬれた鼻を輝かして集まっていた。彼らは離乳も終わり、それぞれが自らの意志を持って行動する、いわゆる社会化の学習が始まる時期になって、じゃれ合ったり、遊び疲れたりしていた。生後四十日ほどだろうか、少し早いがもう親から離しても大丈夫だろう。コリーの繁殖経験があることを話して、すぐに連れて帰れるかと聞いてみると、

「ええ、どうぞ、構いません。どれにしますか、お好きなやつをどうぞ」

と快諾された。ついでに、二匹一緒に飼っても良いかと尋ねると、それも差し支えないということで、今と違って、あのころは飼育奉仕のことはあまり世に知られず、希望者も少なかったのである。最近は、申し込んでもなかなか順番が来ないほど希望者が多いというから、こんなことはまず無理だろう。受け渡しも、普通はジステンパーの予防接種を済ませた生後二ヵ月ごろに

なるのが慣例なのだ（現在はこれにパルボのワクチンも必要だ）。

二匹一緒にというのは、勤めがあって毎日の運動に付き合うことができない分、庭に放して勝手に遊ばせれば良い運動になるし、お互いに競って餌を食べるからよく育つに違いないというもくろみだった。

子犬たちに近づくと、よく太った元気そうな一匹が真っ先に、初めて見る私の正体を確かめるようにやって来た。そして、これが彼女との運命的な出会いになったのだった。

幸い雌だったので、この子と、遜色《そんしょく》のないもう一匹の雌を選んで、この二頭に決めた。

子犬を預かるにあたっては、あまり特別の注文もなく、本格的な訓練は協会に戻ってから始めるので、私たちは健康で素直な犬に育てれば良いということだった（現在は、初心者にはかわいがって大きくなり過ぎないよう、また悪癖をつけないため、給餌量やしつけの基本を記した指針が子犬と一緒に渡されるようになっている）。

今思えば、とにかく何もかも、うまく事が運んだのは幸運だった。雌の方が育てやすいことはコリーの子育てで経験していて雌を選んだのだが、体格や訓練の都合で、盲導犬にも雌の方が歓迎されることを後になって知った。また、全く予備知識もないままこのアイメイト協会の仕事を引き受けたが、全国には八つの類似の団体があり、その中ではアイメイト協会の実績や貢献が群を抜いていた。つまり私は労せずしてエリート校に入れたようなものだったのである。本来は固有名詞である「アイメイト」が、あるカタカナ語辞典に「アイメイト～盲導犬」

などと普通名詞扱いになっていることにもそれは現れている。

あいさつも早々に、用意してきた段ボール箱の中に二匹を一緒に入れ帰途に就いた。しばらく不安そうに落ち着かなかった彼らも、あきらめたのか安心したのか、いつの間にか眠ってしまったと後ろの座席から雅子が教えてくれた。私は意気揚々と、幸福を満載した車のハンドルを握りながら、新しくわが家の家族に迎えた幼い生命のために、一年で一番幸せで美しいこの季節にちなんだ名前を物色していた。

環八道路沿いに流れてゆく家々の屋根越しに、古い東京の名残を物語るように、散り残る八重桜がときおり視界をよぎり、長いたそがれが街を包みはじめていた。やがて葉桜から柿若葉と、私の好きな季節が当分続くのだと思うと、喜びは一段と高まる。私たち三人は、めったにない豪華なごちそうを食べ終わったような、ため息が出るほどの達成感に浸っていた。

(二)

ポピイとデイジイ。車中で既に決めていた名前を夕食のときに提案したら、みんな「うん、なるほど……」という表情で異義なく決定し、わが家の歴史の中でも特に忘れ難い二つの名前が、この日から家族の一員に加わることになったのである。

協会で真っ先に近寄ってきた方をポピイとしたが、その後もいつもポピイの後ろにデイジイが従うという傾向があった。

いま思うと随分のんきな話だが、わが家には特別な犬小屋もなかった。それまで三匹のコリーたちは、昼間は芝生やテラスの上で日なたぼっこをしたり風通しの良い木陰で過ごし、夜は軒下に置いたすのこの上や縁の下など、お気に入りの場所で寝ていたのである。

私たちの家は独立した家屋ではなく、木造平屋の父の家の一画に居間を兼ねた食堂を増設し、その二階に私の家族それぞれの部屋を載せて、三世代が同居する形になっていた。

もともとは伊勢の資産家の別宅だったというこの家の庭には、芝生と、その正面の築山を隔てて菖蒲田が流れ、その岸には雪見灯籠《ゆきみどうろう》が置かれ、ドーム型に刈り込まれた大株の満天星《どうだん》がその背景を支えている。左右二本の桜のほかに、松や椿などの常緑樹をあしらった築山の真ん中には年代物の双幹の槙《まき》がそびえていた。

芝生の周りには、萩や薄《すすき》のほかに大小の庭石がさりげなく配置され、その間を躑躅《つつじ》やさつきが彩り、築山の左手の奥にかけては、大きな実をつける渋柿や、隣家の視界を遮るささやかな竹やぶがあって和風の庭に奥行を加え、この庭を一望できる座敷の前には姿の良い梅や百日紅《さるすべり》の古木が斜めに枝を広げて西日を遮っていた。

家の原型はいかにも隠居所らしい数寄屋造りだったが、地価がまだ今のように異常に高くなかった時代に、長年社宅暮らしに甘んじていた父がこの庭を気に入って購入し、洋風の応接間もある家に広く改築した。昭和初期の多くの名建築を残した春子の父の設計で生まれ変わったこの家は、既存の庭にふさわしい格調をたたえていたので、大型犬の犬舎を置くのははばかられたため、犬たちには邸内の好きな場所で寝起きさせてきた。そして、エレガントなコリーはこの庭にもそれなりの趣を添え、老父の目を楽しませていたのである。

成犬はそれでも良かったが、子犬は何をしでかすか判《わか》らない。その用心に、家の裏の、隣家とは一段高い石垣で遮られた余地に、春子がありあわせの板などで囲いを作り、犬の育児室を用意した。その隅っこの、食堂の窓の真下にすのこを置き毛布を広げたのがベッドである。日当たりは良くないが、せり出した二階の床がおあつらえ向きの天井になった。

半日足らずの間に一変した新しい環境にしばらく戸惑っていたチビたちも、一通り点検を済ませると何とか納得したらしい。夜には、二匹が二つの勾玉《まがたま》のように仲良く巴形《ともえがた》に体を組み合わせて一つの夢を追っているのが、食堂の窓から見下ろせた。早速その姿を写真に撮ったが、以来わが家で過ごした一年間この寝姿は変らず、大きくなって協会に送り帰す最後の晩にも、大きく育った彼らが、来たときの写真をそっくり拡大したように全く同じ場所で同じ姿勢のまくっついて眠り込む姿も写すことができた。

私たちと彼らとの新しい生活は、こうして始まったのである。

（三）

二匹の子犬たちの日々、それは無邪気ないたずらや果敢な挑戦の連続であった。

生後四十日を過ぎた彼らは、好奇心が旺盛になる一方の時期にあり、退屈すると育児室から脱走しようとする。いや、むしろ退屈を知らぬ彼らは、と言うべきだろうか、とにかく起きている間はいつも何かに取り組んでいる。人間でいえばまだヨチヨチ歩きの段階に過ぎないが、狭い囲いの外には彼らの旺盛な好奇心を刺激する未知の世界があるから、少しでもすき間があればこれを広げようと試みたり、足場を見つけては、これを頼りに囲いの縁にしがみつき、全身の筋肉を総動員してもがきまわる。そして最後まで諦めずに脱出に成功する。

大野淳一氏の「犬」という解説書には、ラブラドールの特性について、

――この犬種は嗅覚がきわめて鋭敏で、しかも作業にいそしむ性向が強いので、警察犬として使用され立派な成績をあげている。また訓練すれば、すぐれた盲導犬になる素質をもっており、異色の猟犬といえる――

とある。この「いそしむ」という言葉ほど彼らの日常の行動を如実に表現するものはないことを、以来ほぼ一年の間に私たちもつくづく実感させられたのだった。とにかく働き者、つまりいたずら好きなのだ。おかげで春子は、脱出を防ぐ対策、いわば幼い彼らとの知恵比べに、

半ば楽しみながら振り回され、彼らは彼らなりに、毎日を精いっぱいに生き、昼寝の間にも育ち続けていった。

レトリーヴ、つまり、射ち落した獲物をくわえて主人の元に運ぶための猟犬として改良されたレトリバーは、幼いうちから物をくわえて遊ぶことが大好きだ。特に、春から初夏にかけての庭は、彼らの好奇心をそそる宝の山、おあつらえ向きの運動場になった。

庭に出してやると、椿や木瓜《ぼけ》の実、青梅や柿の落果などを見つけては、手当たり次第に拾い上げて得意そうに駆けずり回る。そして、一つの獲物を二匹で奪い合う。先に拾ったやつが必死に逃げたり、わざと止まって相手を挑発したりするからこれがいい運動になるし、猟犬としての行動性も身についてゆく。突然進路を変えて身をかわしたり、あるいは植え込みの間を先回りして立ちふさがるなどといった知恵もついてくる。親がいれば親から教わるこんな行動を、彼らは自分たちだけで覚えていったのだった。

また彼らは、この犬種特有の習性から、時々、愉快な失敗や唖然《あぜん》とするような妙技を演じてくれた。

デイジイは、ヒキガエルのミイラを見つけてくわえて遊んだため、口元から頬《ほお》にかけてひどいアレルギーになり、顔を異常に膨れあがらせ、動転した春子が勤務中の私に電話をかけてきたことがある。近所で開業している同級生のI君に往診してもらってすぐに治ったらしく、夜帰宅したらその痕跡もなく、ケロッとしてポピイに遅れじと大喜びで出迎えてくれた。わが家にいる間に彼らが獣医の世話になったのは、この時だけだったと思う。

ポピイはセミを捕まえたことがある。その辺でジジイ、ジジイとアブラゼミがカマキリに捕まったような悲鳴がすると思ったら、犯人はポピイで、くわえ込んだ頬の中でセミが鳴きわめいているという次第だった。

「あら、見て、見て。ポピイがセミを捕まえたわよ」

と、あきれて見ている家族に囲まれながら、当人は得意満面なのがおかしかった。かむのではなくくわえるだけだから、こんな離れ業を披露できるのだ。とにかく、ものをくわえて持ってくるのはこの犬種特有の本能であり、こうして自分の仕事ぶりを主人にアピールしているつもりなのである。

今まで何頭ものラブラドールを飼ったり見たりしているが、家族や来客を迎えるときに、玄関にあるスリッパや靴、あるいはその辺に転がっているテニスボールなど、手当たり次第に手近なものをくわえ、尾を振り頭を掲げて歓迎するのをよく見かける。適当なものが見つからないと慌てふためいて探し回るほどで、こんなところがただの愛玩犬とは違う、忠実な作業犬としてのこの犬種のいじらしさだ。そして何をするにも、彼らは一心不乱、全身全霊を込めて「いそしむ」のであった。

彼らの好奇心、未知の物に対する興味は、まずにおいをかぐことで示される。そしてくわえたり前脚で引《ひ》っかいたりして点検が始まる。

テラスには大きな火鉢のような睡蓮《すいれん》のかめが置かれ、ほてい葵が繁る間から金魚草が見え隠れしていたが、これを引っかき回してさらい出すのが、また彼らのお気に入りの仕事である。

「おい、またやられたぞ」

と苦笑しながら、テラス一面に散乱したほてい葵の後始末を何回やらされたことか。

庭の躑躅も随分傷つけられた。根が深く張る大村躑躅の大株は、さすがの彼らも手に負えなかったが、花も葉も密集し枝も細い久留米躑躅の品種は根詰まりを起こしやすく、樹勢の衰えも早い。どうして見当をつけるのか判らないが、この弱った株を彼らの共同作業で何本引き抜かれたことか。何しろ一年後には彼らはタケノコ掘りまで披露してくれたのだが、やり始めたら最後まで徹底的に取り組む姿は、むしろあっぱれとしか言いようがなかった。

この犬種の、あの堂々たるいびきもまた特筆に値する。一説によると、物をくわえる力を強化するために、ラブラドールの先祖にはブルドッグの血液が入っているというから、これはいびきの王者ブルドッグ譲りなのだろうか。とにかく、昼夜を問わず彼らは身体に似合わぬ大いびきをかいた。寝るときはお互いに身を寄せ合ってくっついているから、いびきの競演になる。相手のいびきも気にならないらしい。

彼らを迎えて半年もたったころだったろうか、二階で寝ていた私たちは、階下から窓の外に届く異様な物音で目を覚ました。高くまた低く強弱を繰り返し、深夜の闇を揺るがせている。

「おい、あれはなんだ?」と春子を起こすと彼女も目を覚ましていたらしく、しばらく二人で耳を澄ませていたが、そのうち春子が、

「なんだ、あれはポピイたちのいびきよ」

と気が付いた。物音の絶えた深夜には、昼間は気にならないいびきもこんな騒動を起こすほどだったが、震源地が判明して、不審な警戒心は彼らの生命力に対する感嘆に一転し、その後私たちも、あの平和で健康な眠りを共有することになったのである。

（四）

七年後に、私は当時を顧みた次のような一文を、飼育奉仕者の会報に寄せている。

盲導犬の飼育奉仕を始めてから七年、この間に八頭を育て今はシェパードの繁殖をさせていただいているが、何と言っても最初の二頭、ポピイとデイジイの印象が一番深い。あの子たちの折々のふるまいは今でも鮮やかによみがえり、時折、その辺の木陰から青梅の実を得意げにくわえて飛び出して来るのではないかと思ったりする。同胎の二頭を一緒にお引き受けしたのは競争相手がいればよく食べるしよく遊ぶ、つまり能率的に（そしてやや横着に）発育させようとの目算だった。しかし、本来が猟犬であるラブラドールは共同作業に秀で、いつも二頭そ

ろってまめまめしく働く――植木を掘り返し金網やベニヤの囲いをかじって脱柵に工夫を凝らすなど、二倍の能率で家の周りを荒らされる結果となった。何回も同じ補修を繰り返し、いたずらに手を焼きながらも、あの、善意しか持ち合わせていないといったのどかそのものの表情で、彼らなりに精いっぱいの毎日を過ごしているのを見ると、束縛と忍耐に満ちたその将来を想い併せて、しかり方もついおぼつかなくなるのだった。この、我々がいたずらと思うことも彼らにとっては作業であり、遊び好きといわれるラブも、実は働き者なのだと見なし、その特性を生かしたいと思うのだが……。

満開のつつじと共に始まった彼らとの日々が、柿若葉から百日紅、木犀、山茶花と移って、冬には、湘南ではまれな雪が芝生を覆う日などもあって、長くて短い一年が過ぎ、彼らを協会に送り出す日がきた。言い難い別れの切なさもさることながら、あの天衣無縫のわんぱくどもが果たして一人前の盲導犬に仕上がるのだろうかとの懸念から、その後の消息を何回も協会にお尋ねしたりしたものである。（以下略）

読み返して気が付いたのだが、「束縛と忍耐に満ちたその将来」と考えていたのは認識不足だった。犬の幸せは、どれだけ多くの時間を主人とともに過ごせるかにある、と動物行動学でノーベル賞を受けたロレンツ博士も述べているが、終日主人のそばにあって行動する彼らは、主人に喜ばれることに最高の生きがいを感ずる作業犬として一番幸せな存在なのだ。その後色々な機会に盲導犬が働く姿を見て教えられたのだが、あの一心同体の姿は、束縛や忍耐どころか、信頼と愛情の結晶なのである。

あのころ、盲導犬は動物虐待だと協会に抗議しに来る者さえあると聞いて、幼稚な、あるいは一面的な動物愛護者は閉口だとやりきれなく思ったが、私自身、当初は盲導犬の姿を「束縛と忍耐」と書いているから、似たようなものだったといえよう。

紙数の都合で、春夏秋冬を駆け足で振り返ったような一文だが、顧みると、あれはまさしく長くて短い一年、内容の濃い春夏秋冬だった。また、二頭一緒に巣立っていった後に来た三頭目にはリリイと名付けたから、あの離別は六月ごろだったはずだ。

そしてその一年後には、ポピイは金沢の青年僧、デイジイは横浜の若い女性の伴侶《はんりょ》になっていたのである。

(五)

いま、手元に「石川のアイメイトたち」という小冊子がある。石川のアイメイトクラブが二十周年を記念して関係者に配ったものだ。地方の支部のものながら充実しており、巻末には、アイメイト小史や豆知識などの解説のほか、使用者の名簿もついている。のべ三十六人の名簿にはそれぞれの犬の名前も併せて紹介され、ここにはわが家で初めて育てたポピイの名も見られる。

中でも「アイメイトと私」の特集は貴重で、どの手記にも、この犬のおかげで目の見えない不自由から解放され、毎日の生活や、時には旅行を楽しむにも支障はない、という喜びと自信が異口同音に、そして意気揚々と語られている。中には短歌などもあって、この人たちの日常に犬が果たす役割の大きさと、この犬こそわが最愛、最高の宝という心情がありのままに詠われている。さらに、食堂などで、犬は困ると拒否されても卑屈にならず、それが厚生省の通達に違反する点を冷静に説得するなど、犬のおかげで社会的に自立できた自信を物語る報告もあり、あの犬たちがこんなに素晴らしい存在になったのを知って、感動と喜びを新たにした。

初めての飼育奉仕で、わが家ではポピイには格別に多くの思い出を残しているが、ポピイと生活を共にした青年僧にとっても、初めての盲導犬であるポピイは永遠の存在だったようである。その青年僧はMさんというが、ポピイを協会に送り出した未練や感傷がようやく薄れてきた一年後、アイメイトデイの行事で上京してきたポピイとMさんに、一度会ったことがある。

渋谷の東急デパートの屋上の会場で再会したポピイは、もうすっかりMさんの忠実な伴侶《はんりょ》となり、私を見ても、一瞬、おや?という表情をしただけで落ち着いたままだ。そして全神経をMさんに集中している。そのけなげさに、これがあのいたずら好きのポピイかと、私はたちまち胸に込み上げるような激しいそして敬虔《けいけん》な感動を覚えた。また、その感動が、何となく犬好きの道楽半分で飼育奉仕を始めたようなそれまでののんきな気持を、自分たちは大変に重い仕事の一端を担っているのだという自覚に変えていったことを思い出す。

Mさんは僧侶だと聞いたが、有髪で旅装だったから、落ち着いた普通の青年のように見えた。まだ犬を使い始めたばかりの緊張があるのか口数も少なく、全国から集まった大勢の古参の使用者の中で神妙に控えていた。

私はそれ以来、金沢の南の山ろく地帯に住むというMさんとポピイの朝夕を、折に触れてあれこれと想像するようになった。かつて二年ほど富山の高岡に在勤した私は、仕事の舞台でもあったあの辺りの情景は、何となく見当がつくのである。雪の日の檀家《だんか》回りには、あの大きな目を瞬かせながらMさんを忠実に誘導しているのだろうかとか、北陸の夏は暑いが、お寺には蝉時雨《せみしぐれ》の中を涼しい風も吹き抜けてゆくだろう等々……。

巻末のリストを見ると、Mさんは現在、カスターという雄を使っているらしい。ポピイが年を取ってもう働けなくなり、可哀想だし危険だから引退させて次の犬を使うよう皆からしきりに勧められても、Mさんは行動の自由を犠牲にしながらも、自分は僧職にあるのだから自分の手で成仏を見届けなければ次の犬を持つわけにはいかないと頑張っている、ということは私も聞いていた。そんな状態が今から八年も前になるポピイとの別れまで三、四年は続いたようだ。Mさんは、この記念誌に「別れのあいさつ」と題する手記を載せている。これには、生前のポピイを偲ぶ思いと、彼女の不思議な、感動的な最期が次のようにつづられている。

星が降る静かな夜だった。私は夜空を仰いできらめく星の数々をなつかしい思いで眺めていた。するとはるか宇宙のかなたに透き通るように美しいブルーの星が二つ浮かび上がり、こちらに向かって流れてくるのが目に入った。二つの星は近づくにつれ、不思議にも可憐《かれん》な女性の瞳に見えてきた。そして、愁いを含んでいるような、優しくほほ笑んでいるような麗しい瞳でこっちを見ている。顔や姿は現れないが、気品にあふれたまなざしには、クイーンのイメージがちらつく。視線を右にそらすと右に、下に移すとその方へ一緒についてくる。真珠の瞳に見つめられ、胸がいっぱいになり、私は何か叫ぼうとした。その時目が覚めた。夢だった。今の可憐な瞳は……

私は急いで起きると、ポピーのところへとんでいった。起きるはずのポピーは、横になったままである。呼んでみたが反応はない。顔を近づけてみると、今にも消えそうな息がかすかにもれてくる。あの不思議な夢は、ポピーが呼んでいたのだ。（略）私はポピーを抱いてなでながら、耳元へポピーと小さく呼び掛けた。しばらく抱いていたが、注意してみると、呼吸はいつか消えていた。長い間ご苦労さま。ありがとう。時計を見ると午前四時ジャストだった。急に涙があふれてきた。

十五歳四ヵ月、元気いっぱい生き抜いた。おおらかでものおじしないポピーは、フェッチの名手だった。一円玉を投げると、ピンセットを使うように前歯で器用にくわえて持ってくる。ロビーの椅子に置き忘れた折り畳みの傘に気付かず、表に出てしばらく歩いたが、ポピーの様子がちょっと気になり、口元を見てみると、傘をくわえていた。これにはさすがに感心した。（略）失敗、お手柄いろいろあったが、ポピーとは本当に楽しかった。私を生き生きさせてくれた。こんなアイメイトをお育て下さる方々に、心より感謝申し上げます。（以下略）

フェッチというのは、落としたものを拾わせるときの命令語で、元来、撃ち落とした獲物をくわえて主人の許へ運ぶ猟犬であるレトリバーの特性を生かした訓練項目になっている。この一円玉の話で、私はすっかり忘れていた、セミを捕まえたポピイの得意そうな顔を思い出した。また、傘の置き忘れを見逃さず、指示もないのにくわえてきたという一心同体の判断に、忠実なポピイと、彼女を心から愛しんだMさんの間には、長年にわたって両者を結ぶ堅いそして厚い心の絆が生まれていたことを知り、私はしばらく胸を熱くしていた。

あれから二十数年。父も亡くなり、広い庭も弟妹で分割したため辛うじて当時の面影を残すだけだが、幸い、その後次々と巣立っていった犬たちの旺盛な好奇心と運動量を満たすには事欠かないでいる。

お互いのプライバシーを護《まも》ってきた裏手の隣家のやぶもすっかり片付けられて、石垣の上ギリギリいっぱいに息子の家や二、三軒の密集した貸家がわが家をのぞき込むように建ち、かつては季節の喜びをもたらした鶯《うぐいす》や小鳥たちのさえずりに恵まれることもなくなった。

わが家でも、三人の子どもたちは家を離れ、七人の孫とともにそれぞれの家庭を築きつつある。

結婚当初は何となく甘えに来ていただけの彼らも、子どもが生まれ、育ち、進学するにつれ、それぞれの生活の重心が確立されてきたためか、あまり身軽には動けないようだが、子どもの学校が休みになると、クラブ活動や地区の行事の間をやり繰りして現れ、それもいつの間にか、両親をいたわりにくるような心遣いがうかがわれるようになってきた。

ポピイたちが来たときは、定年までまだ十年ほどあった私も、定年後さらに十年以上の歳月を経て、今では春子と二人で、犬と猫を相手の朝夕を送りながら、あと二年で金婚式を迎えることになった。そして、喜寿、古希に金婚式と続く両親に、三人の子どもたちは今からいろいろと相談し合っているらしい。

（二〇〇〇年　二月）

マドンナとともに老いる

―イギリスからの繁殖基礎犬―

プロフィール
1989年（平成元年）現在～
2000年（平成12年）頃

井上震太郎さん	66歳（～77歳）
妻・春子さん	59歳
長女・絢子さん	37歳
長男・洋一郎さん	34歳
次女・雅子さん	31歳

当時いた犬

マドンナ：

優秀な盲導犬を繁殖するために、アイメイト協会がイギリスから輸入したラブラドールレトリーバーの雌犬。生後４ヶ月で井上さん宅にやって来た。

マチルダ：

マドンナの次に、繁殖のためにアメリカから連れてきたラブラドールレトリーバーの雌犬。1990年生まれ。1993年、３歳のときに井上さん宅に来る。

定年前から、盲導犬の飼育ボランティアを始めた井上さん一家。毎年一頭ずつ、全部で七頭のラブラドールとルイーゼというシェパードの子犬を育てあげ（つまり、七年間、飼育奉仕をした）、その後、繁殖ボランティアに携わるようになった。

初めて繁殖を手掛けたのは、ルイーゼの母親でアメリカからきたジャスミンというシェパードだった。五年間に四回の出産を手掛けたが、盲導犬としては育てにくい雄が多かったり（盲導犬には、温厚な性質の雌の方が向いている）、股関節に異常があるとか、車酔いをしやすいとか、先天的な体質が盲導犬に向かない子が多かった。

そんな時に、アイメイト協会がイギリスから優秀な盲導犬の繁殖のために輸入したのがマドンナであった。その頃のイギリスでは、日本のペット業界だけでなく、当時の日本人の幼稚な犬の飼い方に対する嫌悪感から、日本に犬を送ることはタブーとされていた。これを犯したイギリスのブリーダーが、その犬種団体から除名されることもあったほどだったという。そうした中、日英両国の多くの人々の好意と尽力で輸入されたのがマドンナだったのだ。それまでの繁殖で思うような結果が出せなかった井上さんは、こうした事情も相まって、一段と強い意気込みと期待を胸にマドンナを迎えたのである。

来日してから二度目の秋に、マドンナは初めて出産を経験した。雄二頭、雌五頭の計七頭である。翌年の夏の終わりには、二回目の出産をし、一回目同様、順調に九頭の子犬が誕生した。

子犬を飼育ボランティアに手渡すまでの間、給餌と排泄の世話をやき、日に日に成長し愛らしさを増していく子犬を見守ることは「この上ない至福のとき」だと井上さんも言っている。しかしその一方で、在職中から付き合ってきた糖尿病に加え、腎臓がんに冒された井上さんは、二回目の出産で生まれた子犬たちを送り出した翌日に入院・手術をすることになった。

さらに、健康の問題は、井上さん自身のことだけでなく、マドンナにも及んだ。マドンナがてんかんの持病を持っていることが判明するのである。病気と向き合うマドンナの姿は、井上さんが病気と戦う勇気を奮い立たせ、手術を成功へと導いていくきっかけとなった。

持病があると分かった以上、マドンナの子犬の繁殖はできない。結局、マドンナは井上さんの長女宅で家庭犬として暮らすことになった。その後もてんかんの発作やがんの発病など、壮絶な運命に見舞われながらも、利発で愛らしい容貌と性格で、家族に愛と幸福をもたらしてくれたマドンナとの出会いは、自身の闘病や人生とも重なって、井上さんにとって生涯忘れ得ないものとなったのである。

（一）

一九八九年の九月に入って間もなく、生後四ヵ月でマドンナが我が家にやって来た。かつて扱ってきたどのラブラドールと比べても、さすがは本場イギリスの犬だとうなずける見事さに胸が躍った。

犬に限らず、牛などの家畜でも、優れたものは幼いうちから何か人目を引く雰囲気をまとっている。乳業会社のサラリーマン時代には品評会を見る機会もあったが、出陣された多くの個体の中にあっても、良いものは幼いうちから、遠目にも不思議に無視できない、いわば高貴な気品と輝きでその存在を訴えていた。

マドンナも、幼犬ながら申し分のない容姿に恵まれ、性格や知能にも非凡なものがあるらしいことが一瞥《いちべつ》しただけで期待できた。

生後四ヵ月たっているので、早速運動を兼ねて歩行訓練に取り掛かったが、何でもすぐに覚えるので仕込むのがあっけないほど楽だった。

ある時、連れ歩いているところに通りかかった車が急に止まり、犬好きらしい人が、

「この犬はどこで手に入れました？」

と尋ねたのでその経緯を話したところ、

「さすがは塩屋先生が選んだ犬だ」

と、しきりに感心しながらしばらく眺めていたことがある。アイメイト協会の塩屋理事長は、盲導犬だけではなく犬の訓練でも著名な権威者で、この世界では知らぬ人はないのだ。そんな名犬をさりげなく引き歩くのは、定年後の私の日々を一段と明るく嬉しいものにした。

やがて慣れるにつれ、彼女は次第にその真価を披露してくれた。容貌・体型ともに、この犬種の理想そのものといってよく、性格は温和だが運動性能に不足はなく、理解力や注意力にも優れる素晴らしい名犬だった。

大正から昭和の初めにかけて別荘地として開けたこの辺りは、今では現役の生活者が東京へ通う静かな住宅地になっているものの、犬を飼うには恵まれた土地柄で、運動や訓練に連れ歩く場所には事欠かない。特に隣の学区との境を流れるかつての野川は、味気ない改修河川になってはいるが、両岸の堤防に沿った遊歩道がこの辺りの犬の散歩銀座になっていて、他の犬の往来やにおいの痕跡、鳥影や時には捨て猫の鳴き声など犬たちの興味をひくものばかりだ。盲導犬に失格する要因に、好奇心が強すぎる（集中力に欠ける）例があり、その恐れの有無をチェックするにも、また季節折々の風物を吟味するにも、この川べりは絶好の場所だった。そんな場所でもマドンナは、ノーリード（引き綱なしで歩く）で脇見もせずについてくることや、買物の間、つながなくても一人で店の外で待機することなども、面白いように覚えた。

やがて、近くの運動公園のプールのにぎわいが薄れると、夕暮れが迫る川面にしきりに跳ねていたボラに代わって、この川にも鴨の群れが戻ってくる季節である。その鴨が群がる辺りから一キロほど下ると、目の前すぐ東に江の島、正面はるか南にかすむ大島と、西の空には、天城や富士箱根の山々を揃える相模湾のパノラマに臨んだ砂浜に、この川は平らな河口を広げて合流する。

夏の人出の後始末も終わって見違えるほど広くなった白い浜辺には、青い海から打ち寄せる波の列と潮風が、目に見えない季節を運んでくる。川とは違ってこちらの方は、鴨ではなく鴎や千鳥の姿が目につくようになる。

マドンナも、季節の移ろいとともに、幼犬から若雌の、いわばティーンエイジャーの年ごろに育ってきた。川べりではコントロールして歩かせているが、この無人の広い砂浜では思い切り遊ばせてやることにしており、ボールを追ったり、ときにはカラスをけ散らしたりする様子で、彼女の健康な筋肉が躍動するのを見届けることができた。私にも犬にも、この世の限りない祝福が注がれていた。

散々遊んだあげく、渚に座って遠い沖の雲を見つめる後ろ姿には、心なしかはるかかなたの生まれ故郷に思いをはせるような心情がしのばれて胸をうつが、これは人間の勝手な擬人的な解釈だろう。犬には悲しみはあっても、感傷といった情緒はないと思う。

このような環境や家庭内での彼女のスナップを、私は努めてイギリスの関係先に送るようにした。富士山を遠景に彼女をたたずませ、遠浅の渚に寄せる波の列をバックにしたクリスマスカードも、何枚か送っている。

そして、箱根連山の稜線《りょうせん》の上にのぞくその富士山も、いつの間にか白一色となり、やがて新しい年を迎えた。

鴨も千鳥も旅立ち、桜もやがて満開という三月の終わりに、イギリスでアイメイト協会の窓口を引き受けてくれている多恵子さんの紹介で、リンダさんという女性が、所用のついでにマドンナに会いにきた。彼女はイギリスでも指折りのブリーダーで、ウェールズの森の中に犬舎を構え、七頭の繁殖犬と、護身を兼ねた番犬のグレートデンを飼って一人で暮らしている。無数のドッグショーのメダルが客間の壁をびっしりと埋め尽くし、その真ん中にご自慢のチャンピオン犬を侍らせて得意満面の写真も見せてもらった。

マドンナはこのチャンピオン犬の成果の一つなのだが、一目彼女を見るなりしばらく言葉もなかったリンダさんは、

「この犬、もしミスター塩屋が許してくださるなら、イギリスに連れて帰りたい……間違いなくチャンピオンだわ」

とため息交じりにつぶやいた。私は、この犬に対する評価が手前味噌《みそ》ではなく、また、日本の愛犬家の名誉を傷つけなかったことを知って安心した。

一晩泊まってもらった翌日、共通の知人の上野でのリサイタルに同行したり、公園の雨に煙

る夜桜にも案内したが、その間のさまざまな話題のなかで、写真にあった彼女の至宝とも言えるチャンピオン犬は事故で頭部を打って急死、マドンナはその犬に生き写しの遺作であることを知った。マドンナを一目見たときの彼女の心情には、そういったただならぬ背景があったのだ。

その時私は、そのチャンピオン犬の事故の顛末《てんまつ》を詳しく尋ねることはしなかった。しかし後日、マドンナの父親の死因をもっと詳しく把握しておくべきだったと悔やむことになったのだった。

（二）

私たち夫婦だけの日々はもちろん、冬休み、春休み、そして夏休みとその都度やってくる孫たちの何よりの楽しみは、マドンナと遊ぶことであり、どこに行くにもじゃんけんで順番を決めてから、かわりばんこにマドンナの引き綱を持って連れて行く。彼女は、幼稚園児の孫たちが得意になって連れ歩いても心配ないように調教してある。

このようにマドンナは、一家の至福と心の支えをもたらしてくれたが、同時に繁殖基礎犬というその本来の使命を果たせるだけに成熟しつつあり、私たち二人の出番も近づいてきた。

来日してから二度目の秋を迎えて間もなくその適期がきて、協会に送って交配したが、彼女は予定通り二ヵ月後に、雄二頭と雌五頭の合計七頭を無事に出産した。

当日までは、次第に動作が緩慢になったり腹囲が大きくなったりしたものの、すべての犬が常にそうあるように、彼女もまた、依然として紛れもない家族の一員だった。

しかし、出産が始まると、彼女にはかつての野生動物としての本能がよみがえる。その直前まで安住の地だった周囲のすべてが、全く気の許せない世界に一変したように、油断なく辺りに気を配るようになる。私たちにも警戒を示すが、やがて我々夫婦だけにはわが子を委《ゆだ》ねることを認めてくれる。生まれた子犬は、親を出産に専念させまた圧死を防ぐために、生まれるたびに一頭づつ隔離しマッサージを兼ねてタオルでふいて乾かす。その後全頭そろえて親につけてやると、まだへその緒も乾かず目を閉じたままの、この世に誕生したばかりの小さな生命が、まっしぐらに乳首目掛けて突進し、そして探り回ったあげく大慌てで吸い付く……。

こうしてマドンナは、彼女の来日の使命に向かって一歩を踏み出した。同時に新しい幼いいのちたちの、多くの人々に愛され、学び、そして一人の主人にすべてを捧げて終わる一生も、また始まるのだった。

マドンナのホームグラウンドの川べりには、やがて桜が咲きそして散る。この時期になると大潮の干潮で遠く退いた渚に立っても、大島や富士山はかすんで見えない。ゆっくりと弧を描きながら砂浜に影を落とす鳶《とんび》の声までもが穏やかな春の光に溶け込み、天地の恵みがこの世にあまねく季節の歓びをもたらす。マドンナの処女作は好評だったし、私も面目を施して、いつになくこの季節の贈り物を満喫していた。

ところで、私は在職中からすでに十年ばかり、糖尿病のためにインシュリンの注射を欠かせなくなっていて、定年後はプール通いと犬の運動で病勢の進行を抑えることを生活の柱にするほか、庭いじりや読書で過ごしていた。マドンナとの最初の一仕事が片付いたころは、注射のほかに薬局で入手できる試験紙で尿のチェックだけはしていたが、この春のある朝、糖のほかに軽い潜血反応が現れた。その後引き続き毎日気を付けてみたが、いったん治まったこの反応は、出没を繰り返しながら次第に頻度と濃度を高めていく。自覚症状は全くなく、まれに微熱を感ずる程度なのがかえって怪しい。父も膀胱癌を患ったことがあるし痛みや不快感は全くないから、これは単なる炎症や一時的な症状ではなく、明らかに泌尿器系の癌に違いないと思った。私はその時、もし癌だとしてもそれはそれで仕方がない、現在の医療の進歩に期待するほかはないと考えたが、これは達観ではない。無精な私は物事を深刻に考えることがおっくうなのだ。

とは言うものの、マドンナとともに過ごしてきたうららかな春の野辺のような日常に、にわかに不吉な陰《かげ》りが兆すのに似た不安を覚えたことも事実だ。とにかくまず的確な診断をと、再三検査を受けたがなかなかからちが明かない。だが、尿の反応が怪しいだけで私の日常生活には支障なく、そのまま毎日プール通いと、マドンナを連れ歩く朝夕を繰り返していた。

そのうち彼女の二回目の発情が始まり、私の健康問題はあるものの、とりあえず再び交配しその成果を待つことにしたが、その後の経過は初産のとき同様に順調で、九頭の子犬が八月のお盆すぎに新しく誕生した。

一方そのころ、潜血反応の出没はますますピッチを早め、やがて、肉眼でわかる血尿そのものが頻繁に出るようになった。私は病勢の悪化を確信したが、依然自覚症状は全くなく、疲れも出ない。再び妻と一緒に子育てに取り組んでいた。その一方で再三検査を受けていたが、最後に、市民病院での造影剤撮影でようやく右の腎臓に癌を捉えたのは、この子たちが生後ひと月以上に育ってからだった。

「井上さん、これです。右の腎臓に腫れ物《はれもの》があるのですぐに手術しましょう。糖尿がひどいので、安全に手術するには体調を整える必要があります。すぐ入院してください」

そのレントゲン像に写った腎臓に、パチンコ玉ほどの空白がある部分を指して、H先生が説明してくれた。糖尿を放置したまま全身麻酔をかけると死ぬ恐れがあることは私も知っていた。

先生は泌尿器科の部長で、この辺りでの名医といわれ、私の亡父もお世話になった。良性のものとの説明がないから、すぐに、やはり癌だな、と納得した。私は子犬が仕上がるまであと半月の猶予をとお願いしたが、しぶしぶ認めてくださった先生の様子から、事態は急を要することを悟った。そしてマドンナの第二作である九頭の子犬たちを送り出した翌日に、生まれて初めての開腹手術を受けるために入院したのである。

実はこのとき、私自身の問題だけでなく、マドンナにも重大な懸念が生じていた。こんどの交配を済ませて帰宅してから間もなく、てんかんの発作を起こしたのである。私は現場に居合わせなかったが、獣医の友人が到着したときはケロッと治まっていたらしい。しかし、症状を妻から聞いた彼は「それはてんかんです」とあっさり断定し、従来は特定の犬種に限られていたが、このごろは満遍なく発生していると言ったという。妻の話では、いきなり絶叫して庭から飛び込んで来て倒れ、けいれんする四肢を硬直させ、口から泡のような粘液をわずかに漏らしていたらしい。放心状態のうつろな目は開いたまま動かなかったが、間もなく正気に返り、不思議そうにあたりを眺めているところへ獣医が到着したという。

そういえば以前にも一度、深夜に裏の犬舎でマドンナが突然絶叫したことがあった。駆け付けたらケロッとしていて、何かにおびえただけかとあまり気にも留めなかったが、あれが最初の発作だったのかと思い当たった。あの絶叫は、自分には理解できない異様な事態に対する恐怖の声だったのだろう。

てんかんは遺伝性の病気というから、マドンナを繁殖に供用することはあきらめざるを得ない。盲導犬は使用者の安全を第一とすべきなのだ。今までの子供たちにもこれから発症する恐れがあるが、注意深く今後の経過を観察しながら対処するほかはない。このときになって、リンダさん自慢のチャンピオン犬も恐らく発作中に頭を強打して死んだのだろうと推測した。

入院後は、毎日採血とレントゲンなどの検査の連続だったが、その合間を縫って、私は病院の構内を必死に歩き回った。午前午後一回ずつ病棟の周りを急ピッチの大またで何回も歩く。合計四キロの距離を四十分の目標タイムで、思い切り腕を振り上げながら歩くのだ。検査のほかは、糖尿食の処方とインシュリンの注射だけだったから、これが自分の努力でできる唯一の治療手段だった。この運動が効いたらしく、二ヵ月という予想を上回ってひと月で手術可能な体調に改善されたし、人事を尽くして天命を待つ心境で手術に臨むことができた。

手術の当日、妻のほかに長女夫婦と日立から駆けつけた次女が立ち会ってくれたが、片側の腎臓と輸尿管を全摘するため二ヶ所の開腹が必要になり、朝九時から夕方まで正味七時間かかり、集中治療室で麻酔から覚めたのは夜中の二時ごろだった。無事に終わったことを少しも疑わなかったが、あとで聞くと、手術中に血圧が下がるピンチもあったらしい。

しかしともかく、手術は成功だった。予後順調で三週間後に退院できたが、麻酔が覚めた後の傷口が痛んだ記憶が全くないことと、一つだけになった腎臓で、何事もなくそれまでと同じだけの排尿があることが不思議で仕方がなかった。血尿もたちまち消滅していた。

二ヵ月に及んだ入院中は、毎日妻が来てくれた。家事のほかに、私に代わって犬の運動をこなし、仲間とのテニスも済ませてから、日の短くなった晩秋の午後に、

「どう、大丈夫？」などとと言いながら現れる。

「マドンナの発作は大丈夫か？」

「まだ平気よ。いい子にしてるわよ」

いつもこんな会話で始まるが、あとは身の回りの必要なものや読みたい本を頼む程度になる。ほかに何か？という表情でベッドの周りを一瞥《いちべつ》してから、間もなく、彼女は老母と二人だけの遅い夕食の支度に戻って行く。その寂しい夕げに家庭のぬくもりを保つには、マドンナの存在はもちろん欠かせない。

エレベーターの方に遠ざかる足音に耳を澄ませ、ころ合いを見計らって六階の病室の窓から見下ろすと、やがて、玄関から出た妻の、勤め帰りとも見える後ろ姿が無言で帰って行く。その歩みを見届けつつ、

――今日もこれでお互いそれぞれの場所での一日が終るのだ……そんな感懐に浸りながら、夫婦は一体ではあるが、また各々それぞれの人生を一人で歩むのだという想いを深めていた。

（三）

手術後の経過は順調で、手術後二十日で退院できたとはいえ、開腹二ヶ所の打撃は相当なものだった。別人のように体力を失い、しかも、何でもない動作がおぼつかなくふらついていまいましい。転移の有無など今後の推移も楽観できない……不安材料には事欠かなかった。だが、あれこれ気にしても仕方がないから、入院中の頑張りを頭に置いてまず脚力の挽回に取り

組むことにした。プールへの往復など自転車で出掛けるにも、上り坂のあるコースを選ぶように心掛けた。

自分の健康の先行きはまだ判らないし、その上マドンナも元通りの私の犬として一緒に歩く。には一体何ができるか……手掛かりを失った毎日を過ごしていたある日、協会の理事長直々に、体調が良ければ今度アメリカから来る繁殖犬を引き受けてもらえないかとの打診があり、新しい道が開けた思いですぐにお引き受けした。それが現在預かっているマチルダである。マドンナは引退することになったが、茅ヶ崎の長女一家が大喜びで彼女を引き受けてくれたし、身内に預けるだけだから、娘を嫁がせるような切なさはなかった。

茅ヶ崎でもマドンナは、長女の夫の両親を含めた一家の人気者になった。二人の孫の良き友であり、また、長女の母性衝動を快く刺激するらしかった。時々、実家のわが家に現れては、彼女の後釜のマチルダに先代様の貫禄《かんろく》を示したりするが、長女が「マドンナ、帰るよ!」というとさっさと車に乗り込んで待っている。三世代そろったにぎやかな家庭で、マドンナがいかにも幸せらしいことがしのばれて、私たちは祈りを込めて見送るのだった。

だが、好事魔多しというか、彼女自身と我々一家がつつがなく新しい年を迎えようとしていた年末のある日、彼女はかつてない激烈な発作を起こした。

軽い発作は時々あったが、それとは比べものにならない激しさだとの電話を受けて急行した。相前後して私の頼んだ獣医も駆けつけたが、緊急を要するから一番近くの医者が良いと、息も絶え絶えに硬直している彼女をできるだけ静かに車に運び病院に向った。脳に酸素がいかなくなれば手遅れだった。

近くの医者は、初対面だったが、すべてを任せられる人であることはすぐにわかった。診察中の患畜を待たせたまま手早く応急処置を済ませ、そのまま入院となった。先生と助手とが交替で徹夜の看病を続けて、年が明けてからようやくマドンナは一命を取りとめた。年末年始のこの時期に、しかも聞くところによると、小学生のお子さん一人を残して奥さんに先立たれた直後というのに、最善を尽くしてくれた誠意には感銘したし、思いがけなく頼りがいのある有能な獣医師に巡り合えたことはいかにも幸運だった。マドンナ六歳の冬だった。

以来彼女は、幼児から老人まで一家挙げての感謝と愛情、そして哀れみに包まれながら、その余生を迎えようとしていた。

彼女の余生、それは薬に頼るにせよ、できるだけ長く私たちとともに自然に老いてゆくべきものだった。わが家のマチルダもようやく母親となり、その子犬たちを時々顔を見せるマドンナが先輩面をして点検するのを、若い母親がかしこまって様子をうかがう……そんな光景に、私は平穏に新旧交替が完了したことを知り、この犬種の温和な特性を改めて賛美した。

だが彼女は、比類のない姿と資質に恵まれながら、いかなる宿命のもとにこの世に登場したのか……やがて無情にも、新しい病魔が重ねて彼女を襲ったのである。

（四）

あの大発作から一年以上たった夏の終わりのある日、長女がいつものようにマドンナを連れてきた。喜んで迎えるマチルダと追いつ追われつ走り回る様子は、彼女の故障や老若の差を全く感じさせなかった。そのうち遊び飽きて部屋に入り、自分のお気に入りのソファーの上に陣取る。そのそろえた前脚の右の手首に小さいしこりがあった。

「これ、何かしら、それほど痛がらないけれど、時々足を引きずるの」

と長女が私に尋ねるので触診したが、脂肪腫《しぼうしゅ》にしては硬すぎるので、念のために検査を受けることを勧めた。知人に相談したところ、母校である麻布大のS教授を紹介され、診断と、とりあえず応急的な切開手術を受けたが、この分野の著名な権威者であるS教授は、これは非常に進行の早い悪性の肉腫だという診断を下した。

所見によると、患部だけの摘出はかえって増殖を早めるから右足を肩から切断するほかはないという。泣きだしそうな長女の報告を聞いて、言葉を失ったままなすすべもなく当惑する自分が情けなかった。

三本足で生き長らえるのと、あるいは今は一見大きな支障はないもののいずれ全身を襲う苦痛にさいなまれる時が来るのと、そのいずれがマドンナにとって幸せになるのか。また、抗癌《こうがん》処置は苦痛を長引かせるだけらしいから、このままなるべくそっとしておき運を天に任せて時を待ち、その段階で決断するか、……さまざまなことがどうにも決めかねる。説明できる相手であれば文句なく手術だが、簡単に結論を出せるわけがない。

私たちの困惑を知るよしもなく、彼女はその後も引き続き、ときどき張り切って現れてはいそいそと帰って行くだけで、いたずらに時間が流れてゆくばかりだった。

マドンナの病を知ったイギリスの多恵子さんからは、自分の犬にも延命効果があったとプロポリスが大量に届き、確かに進行が抑えられて私たちの期待をつないだ。大発作以来かかりつけている先生は、「予想以上の効果ですね。学校のS先生にも報告します。だけどそのうち効かなくなると思いますよ」と楽観を戒めたが、やはり最近少しずつ腫瘍《しゅよう》が大きくなってきた。その本人は相変らず何も知らずに、少し白髪が出てきて一段と気品を深めた顔を見せに現れる。足を引きずるのが少し頻繁になったが痛みはないらしく、見ただけではそんな深刻で危険な状態とは思えない。だが、薬の効き目が限界に近づき、病勢がまた動き始めたことは明らかだった。プロポリス投与であとどのくらい無痛の延命効果が期待できるのかわからないが、家の者みんなが、言葉には出さないものの同じ事を祈っていた。

——どうかこのままでできるだけ長く生きていてほしいという祈りを……。

プロポリスのおかげでしばらく小康を保っていたマドンナだが、そのうち右足いっぱいに腫瘍が広がり、約一年後には歩くのも容易ではなくなり、さすがに私たちも見かねて右前脚の肩甲骨から先を丸ごと切断するいわゆる断脚手術を受けることに踏み切った。胸が張り裂けるような思いだった。

手術は、平成十年七月三十一日に決まった。

当日は茅ヶ崎から相模原の麻布大まで長女が車で運び、S先生の手術を受けた。手術のあと、「この足の骨いりますか?」と言われた。後で納骨の際、五体満足でなければ成仏できないとか、生まれ変わっても三本足だ、などと気にする人もいるらしい。だが彼女は、学校の標本として利用するのでなければ処分はお任せすると言って戻ってきたと、夕方報告してきた。長女の判断に異論はなかった。

手術後五日ほどたって、三本足になったマドンナを長女が連れてきた。車から降りたマドンナは、「こんな身体になって……」とわが身の不具を恥じたり嘆いたりする事態なのに、もともと三本足で生まれてきたようにケロッとした様子で、いつもの通りまず芝生の上をかぎ回り、かつての縄張りを点検してから尻尾を振り振り、ヨイショヨイショと三本足で玄関から入ってくる。この先代様を恐れながらも甘えているマチルダも、別に不思議な顔もせずに嬉しそうに迎える。とにかくマドンナには、手術による心情的な変化は全くうかがえなかったのだ!

我々の不安や懸念は全くの杞憂《きゆう》に終わってしまった。彼女は悲しむどころか、むしろこんなことならなぜもっと早く……と悔やまれるほどに、元気で明るい様子である。そんなマドンナの姿を見て、一家の心中の重荷はたちまち吹っ飛んでしまい、動物が自力で生きてゆく能力はなんと素晴らしいものか、これが天の配剤なのだろうか、と改めて胸を熱くした。これに比べると、ひとは神を超えてさまざまなことを開発してきた反面、いかに多くの神の賜物《たまもの》を失ってしまったことか！

すでに年老いた余裕さえまといながら、ごく自然にこの家の主のようにふるまう白髪混じりの三本足の彼女の姿を眺めていると、この犬がイギリスから来たばかりの、あどけなくしかもすでに輝いていた日々のひとコマひとコマが思い出され、また感慨に浸ることにもなる。江の島から富士箱根の山々まで見渡せる広い砂浜で、鴉《からす》を追ったり波と戯れていた幼時のこと、日英親善の象徴として盲導犬の増殖・改良の期待を一身に集めて輝いていたころのこと等々。

だが、人間とは違って犬には記憶はあっても、追憶という情緒はない。自分の幼時を過ごしたこの庭も家も、ただよく心得ている場所にすぎないのだった。

手術後一年ほどの間に、私たちも彼女の三本足の姿に次第に慣れていき、マドンナの老後は一見平穏に推移した。手術前と変わらず、時々私たちとマチルダを喜ばせにも来てくれた。

そんな小康状態が一年ほど続いたある日、右肩の断脚した跡が少し膨れているのを長女が見つけた。手術のとき取りきれなかった小さな腫瘍が増殖し始めたらしい。その増殖の速さは情け容赦もないもので、外観はあまり変わらぬままに胸腔から腹腔に広がった。内臓が圧迫されるためマドンナは急速に衰弱しやせ衰え、浅く早い呼吸を弱々しく続けるだけが彼女の生きる力のすべてになった。

手術後二十カ月の四月下旬の午後、いよいよ危ないようだと長女から電話があって、私たち夫婦は二人で茅ケ崎の家に行った。日記を見ると「マドンナはじっとしたまま頭などは骸骨のようにやせて痛々しい。ひっそりと呼吸はするが苦悶《くもん》する様子はない。しかし生命の余燼《よじん》が尽きつつあることはよくわかる」とある。

短く詰まった力強い口元や、豊かな丸みを帯びた頭、そして彼女のすべてを語りかけてくれた大きな目をもったマドンナが、いまはこんなに見る影もなくやせ衰えて横たわっているのを見て、私たちは語りかける言葉もなく、彼女の全身をいつまでも静かに、だが万感を込めてなでているほかはなかった。

しかし当時私は、マチルダのほかにジェードという繁殖犬も引き受けていた。これが五匹の子犬たちを生んだばかりだったのであまり長居はできず、まだ息のあるマドンナに無言の別れを告げて帰宅せざるを得なかった。

翌早朝、平成十二年四月二十六日、マドンナは昇天した。あとひと月で十一才になるはずだった。軽いてんかんの発作が引き金になったという。長女と、高校三年の孫が臨終を見届けた。

イギリスの多恵子さんにも早速知らせたが、しばらくたってから大きな荷物が送られてきた。開けてみると、立派な額に入った実物大のマドンナの肖像だった。こちらから送った写真をモデルに、彼女自身の記念品として有名な動物画の専門家に描かせて客間に飾っていたものだが、お悔やみとしてわが家に下さるということだった。この絵をマドンナの指定席だったソファーに立て掛けて眺めていたら、マチルダがびっくりしたような反応を示した。それほど瓜《うり》二つの出来栄えだった。犬は映像ではなくにおいで識別するから、これには私たちも驚いた。協会の塩屋先生にも報告したが、先生も「珍しい、珍しい。めったにないことです」と感慨深そうだった。

生後四ヵ月で来日したマドンナは、わが家で四年、茅ケ崎で七年の一生を送った。わが家では人生の終楽章を迎えた一家に華やぎと生きがいをよみがえらせ、茅ケ崎では成人前の孫たちの人間形成に寄与し、その終焉《しゅうえん》に至るまで「愛」という無限の贈り物を残してくれた。

火葬に付された遺骨の一部は、骨壺《こつつぼ》に入れて私が協会に届け、秋の彼岸の協会の合同慰霊祭のときに府中の慈恵院にあるアイメイト墓地に納められた。残りは茅ケ崎の長女の元にあるが、庭に埋めないで身近に置いたままにしてほしいと孫にせがまれたため、きれいな菓子の缶に入れたまま、たくさんの写真に囲まれてリビングの飾り棚の真ん中に置いてあるという。

（二〇〇三年　十二月）

マチルダからの贈り物

―アメリカからの繁殖基礎犬―

プロフィール
1993年（平成５年）

井上震太郎さん	70歳
妻・春子さん	63歳
長女・絢子さん	41歳
長男・洋一郎さん	38歳
次女・雅子さん	35歳

当時いた犬

マチルダ：

マドンナの次に、繁殖のためにアメリカから連れてきたラブラドールレトリーバーの雌犬。1990年生まれ。1993年12月、３歳のときに井上さん宅に来る。

井上さんが腎臓がんの摘出手術を受けてから、一年が過ぎた。定年後の日課であったプール通いを再開し、自分自身の体力回復に励む一方、同じころ、てんかんの発作という持病で繁殖犬としての第一線を退かなければならなくなったマドンナの姿に、自分自身を重ねるようになった井上さん。「隠居さながらの毎日を送るのは情けない」そんな焦りを感じていたときに、アイメイト協会から託された繁殖犬が、アメリカ生まれのマチルダであった。

普段は明るく陽気な性格のマチルダだったが、散歩のときには、人と出会ってもはしゃいだりせず、さりげなく井上さんに気をくばりながら寄り添って歩いたという。素晴らしい性質の犬だということを実感した井上さんは、責任の重さとともにやりがいを感じ、得意になって毎日の散歩（運動）に精を出した。おかげで、井上さんの体調は、みるみるうちに回復していったのである。

（一）

十二月のはじめ、協会の車でマチルダが届けられた。毛色はイエロー。庭ではすでに正月を迎える支度が始まっており、残り少なくなった今年の日差しを名残惜しげにその穂先に捉えていた枯薄《かれすすき》や咲き乱れていた小菊も、いつの間にか片付けられていた。

庭に放されたマチルダは、早速芝生や植え込みなどの要所要所を点検して、嗅覚と好奇心を全開にしながら先住者の痕跡を探索したあと、自らの新しい主権を示す手続き、芝生の上での忙しい放尿を繰り返す間に、私たち夫婦を見比べたりする。

マドンナはすでに茅ケ崎の長女の家に移され、孫たちと一緒に今までとは違った若い家庭での毎日を楽しんでいたが、近いからいつでも来られるし、他人に渡したわけではないから彼女の使命をあきらめる心残りはあっても別離の嘆きは全くなく、娘を下宿させたような気持ちだった。

アメリカからの機中や検疫所での法定拘留期間などの長い間の拘束を解かれたことを察したようで、やがてマチルダはいかにも人懐こいラブラドールらしく私たちに駆け寄り、解放の喜びをしっぽで振りまき甘えに甘える。英国風の格調を湛《たた》えたマドンナと比較すれば、気のせいか同じ穏やかさの中にもこちらはいかにもアメリカ育ちらしい、善良で素直な明るさがある。

警戒心や猜疑心《さいぎしん》には縁のない、素直でしかも理解力に富むこの犬種らしくその場で自分の立場をのみ込んだ彼女は、こうしてあっけなくわが家の一員に加わった。

今までは普通の家庭犬だったからまだ繁殖の経験はないが間もなく発情がくるという連絡通りに、年の瀬を迎えたころに出血が始まり、早速協会に送って交配ということになった。そして、正月早々戻ってきた彼女とともに、わが家の新しい期待に満ちた日々が始まったのである。

（二）

季節の歩みとともに近くの川べりで越冬していた鴨たちは旅支度を始め、マチルダの五対の乳頭も、そのうちの幾つかがわずかながらも膨れだす一方、乳房のたるみも生じて、受胎の徴候が次第に現れてきた。

やがて山茶花《さざんか》も散り果て、早春の庭に季節の喜びを添えていた梅や水仙も盛りを過ぎて、明るい日差しに恵まれた枯れ芝の間からちどめ草や雀のかたびらなどの厄介な雑草どもが点々と小さな緑のしみをにじませはじめると、本格的な春も間近い。すでに人目を引くほどに大きく、そして重くなった腹を抱えたマチルダが、まぶしい日差しをまとって枯れ芝の上に身を休ませる息遣いが、思い出したように忙しくなることが日ごとに多くなり、交配後二ヶ月の予定日が近づいた。間もなく春のお彼岸になるころだった。

応接間を兼ねた居間の隣の、一段低いサンルームの一角に、厚いベニヤ板で囲った畳一枚分ほどの産箱を置いた応急のスペースが産室である。私は予定日が近づくと、その隣にソファーベッドを並べて、仮眠しながら待機する。日中一人でわが家を切り盛りしている春子に代わって夜は私が受け持つのだが、彼女は内心、お産となれば自分の出番だと心得ており、

「もう、そろそろかしら……」

などと産室をのぞいてから、一人で二階の寝室に向かうのだった。

二、三日たって、その時が来た。控えめにクンクン訴えるマチルダの声が次第に大きくなって、私ははっきりと目を覚ました。夜中の二時ごろだった。排尿の催促かと思って庭に出してやると、いつも決めている場所には目もくれず、藤棚の下や築山の植込のあたりを包む春の闇をかき回し、必死にかぎ回っている。予備陣痛が始まっている徴候だ。急いで産室に閉じ込めてから、明かりを暗くし、息をひそめてソファーベッドで待機した。

そのうち、産箱に敷き詰めた新聞紙をカサカサとかきむしる音がして、一休みしてはまた再開、そしてその音と頻度が次第に募る……。

いつの間にかウトウトしていた私は、どこかで産声を耳にしたような気がして我に返った。急いで明かりをつけて確かめると、すでに第一子が生まれていた。もぐらよりは一回りほど大

きいベージュ色のぬれた物体が、時々ピクリとうごめくのを眺めながら、新米の母親が首をかしげて途方に暮れている。

「これ、どうすればよいのかしら?」

そんな頼りないしぐさに私の心は一瞬波立ったが、試みに彼女の胎内から芽生えたばかりのこの小さな生命を手に乗せてそのにおいを教えていると、

「あら、赤ちゃんの世話ができないの? そんなお母さんでどうするの、マッチ!」

気配を察して起きたらしく、いつの間にか春子が私の肩ごしにのぞき込んでいた。こんなことは初めてだが、そのうち何とかなるだろうと思い直して、夫婦それぞれの配置についた。私は産婦に付き添い、春子は台所に引き返して、湯たんぽの支度やこれをタオルに包み込んで入れておく、新生児室代わりの段ボール箱の組み立てに取り掛かった。古新聞やボロ布、消毒液の用意なども彼女の受け持ちだ。その間マチルダは、初対面の我が子のにおいや体温(犬は聴覚がとびきり鋭いから、心音さえも聞き取れるのかもしれないが)を確かめるうち、次第に母性衝動が芽生えてきたらしく、恐る恐る私の手のひらにある物体をちょっとなめてから、次第に早く、そして激しく全身を念入りになめ回す。

これで大丈夫、と後を任せて様子を見ているところへ戻ってきた春子は、これを大事そうにつまみあげ、タオルに包んでふき直し、そのまま初孫を見届けるようなまなざしでしばらく支えていたが、やがて用意した湯たんぽ入りの段ボール箱にそっと横たえ、さらにその上に新し

いタオルをかけてやる……。

窓の外は闇一色。ここサンルームだけが蛍光灯に照らされて、その中でただならぬ無言劇が、観客不在のうちに演じられているような情景だったはずだ。


そのうち、一休みしていたマチルダがまた落ち着かなくなってきた。次の子が生まれるらしい。産箱に敷いた新聞紙を神経質にかきむしりだし、右往左往し、突然身を横たえたと思うとじっくりといきみ始め、あるいは長くあるいは短く、そのけなげな努力が繰り返されるうち、産道を押し広げながら苦闘して来た胎胞《たいほう》が膨れあがった陰部を左右にかき分けて顔をのぞかせ、次の努責《いきみ》とともにペロリと娩出《べんしゅつ》された。今度はかねがねやりつけているような手際で、マチルダはこれを処置する。歯と唇に、舌も使って胎膜をはぎ取り、臍帯《さいたい》をかみ切りそのすべてを飲み下してから、まだ胎児同然のわが子を忙しく、しかし丁寧になめ回す。スタートで私たちを慌てさせた彼女も、これで一人前の母親が務まることを立証した。気が付くと、窓の外の闇が少しずつ溶け始め、「春は曙《あけぼの》……」と、ついつぶやいてしまうような、この季節のしっとりとしたほのかな明るみが庭先に広がり、新しい一日が動き出したことを示していた。

このあと、十五分から三十分間隔で次々に生み出された新生児は九頭に達し、朝の九時過ぎに全部出そろった。一頭ずつ、マチルダがなめ終わったところを見計らって、私が性別を見届けた上で春子に手渡すと、彼女は消毒済みのボロ布に包み込んでよく乾かしながら顔を寄せ、押さえきれない慈しみを込めた幼児語で語りかける……。

普段は感情の起伏をあまり出さない彼女だが、犬の出産とはいえ、男どもにはうかがえない母性族共有の心情を刺激されるらしく、陽炎《かげろう》のようなまなざしを注ぎながら、この初孫たちを段ボール箱の中にそっと並べてゆく。

一方マチルダは、ひとつ産み終わるたびに産箱に横たわり、頭だけを上げて私たちのチームプレーを眺めているが、またすぐ横になり次の陣痛を待つ。この際、子どものほうはよろしくお願いします、という態度だが、飼い主に対するこのような信頼や依存は、長い長い年月にわたって、彼らが人類最良の伴侶として生きながら学んだ特性なのだ。

驚いたことに、九匹のうち雄はただ一匹、残りは全部雌というまれに見る大豊作だった。体格が大きく力も強い雄は使いこなせる人が限られるが、その点、雌は万人向きという点で歓迎される。私は一段落したあと、このマチルダのお手柄を仲間たちに得意になって吹聴《ふいちょう》し、協会にも喜んでもらった。


「どうやらこれで、全部かな……」

「大丈夫？　もう残っていないかしら？」

念のためまだダブついている産婦の腹を私がマッサージして確かめた上で、春子が蜂蜜と生卵入りの牛乳を飲ませると、マチルダはちょっと味見をしてから、次第にピッチをあげて飲み始め、私たちを喜ばせる。

飲み終わってまた身を横たえた初々しい産婦の姿には、早い息遣いのうちにも、ようやく肩の荷を降ろしたような安らぎが漂っているのがあわれで、またあっぱれだった。

九匹とも見事に粒のそろった一胎で、横一列に頭をそろえて、段ボールの揺りかごの中で眠っている。毛色は両親同様のイエローで、柔らかいベージュ色に統一されている。目方は四五〇から五五〇グラムの範囲に収まっているが、見た目よりはずっしりと重い。そのひとつを取り上げて桜餅の肌のような腹部に耳を当てると、紛れもない心音、この子の生涯を瞬時も休むことなく支え続ける生命の源泉が、すでにその機能を確実に発動しているサインが送られてくる。まだ目も開かず、ただぐったりとした重さだけのようなこの小さな物体が、今後展開してゆくけなげな一生をすでにスタートさせているのを知り、またマチルダが演じ終えた母親役の予想外の上首尾を喜び、私は言い知れぬ、そして神妙な感動に身を包まれるのだった。

乳業会社でサラリーマンをしていた私は、仕事柄乳牛の出産は何度も経験したが、当時はただ当面する処置に追われて、生命の神秘、あるいは天の摂理などを畏れるには至らなかったように思う。しかし、わが家の子犬たちが、生後二ヵ月のかわいい盛りに巣立ったのち、わずか一年そこそこで立派な盲導犬になって、我々には及びもつかない働きで一人の失明者の光となり、その主人を忠実に支えてゆく多くの実例を知るにつれ、私は、この世の命あるものをつかさどる計り知れぬ力、大きな意志の存在を思うようになった。そして、今ここでひたすらに眠り込んでいる、この世に登場したばかりの小さな天使たちから、無限の重いメッセージを受け取るのだ。

（三）

翌年の八月、暑い暑い東京を、真新しいハーネスをつけた六頭の盲導犬が旅立った。羽田、あるいは東京駅から、新しい主人の誇らしげな姿とともに家路に向かう。北は青森から、西は九州の佐賀、熊本、福岡、長崎などで彼らの任務が始まるのだった。

盲導犬が初めての人もいれば、三頭目という人も中にはいる。みんな土産の袋を持ち、さらに犬の排便を始末するビニール袋やティッシュペーパーを入れたウェストポーチも身に着けている。粋《いき》な赤いチェック模様のかっぱを着せられている犬もいたが、これは抜け毛を落とさないための配慮なのだ。六頭いずれもマチルダの処女作で、わが家で一斉にこの世のスタートを切った姉妹たちだ。彼らは成長して協会に送られ、数か月の訓練の後それぞれ特定の主人と組み合わせられ、四週間にわたる歩行指導を経て卒業したカップルなのである。一つのクラスが同胎犬だけでそろったのはかつて例がないらしい。しかも一回のクラスは六頭が限度なので、残りの三頭は次回の卒業になったという快挙である。失格なしに一胎全部がものになったのは、これもまためったにないことだという。幸いにもこの卒業式に参列できた私は、マチルダのお陰でまた面目を施した。

この卒業式では、彼らの成長ぶりを目の当たりにした。リリアンは、飼育奉仕の家庭から四、五日お預かりしたこともあるのだが、半年以上も前のわが家での記憶は棚上げしたのか、私には特別の反応を示さず、ひたすらに今のご主人に神経を集中している。もはや私はただの人にすぎず、またそうあるべきなのだ。スザンナだけがその後も近所にいて二、三度行き来があったせいか、オヤ？という表情で時々私を盗み見たが、その任務をしっかり果たしている。私はすでに満点をつけられる彼らの献身ぶりを目の当たりにして、その全身にはそれぞれの奉仕者の祈りや哀歓、また、これを磨き上げる協会の指導員の汗と信念が注がれていること、そして、盲導犬は多くの人々の無欲の善意の結晶であることを改めてかみしめていた。

（四）

「夏を惜しむかのように蝉が一斉に鳴き始めています……」という書き出しの手紙が届いたのは、暑かった卒業式の日からさらに一年ばかりたったころだった。新しい犬との生活が一段落すると、卒業のお礼と近況報告を兼ねた手紙が、次々に協会に寄せられる。「かわいいスザンナ」とか「私のエミリイ」といった小文も、協会の機関誌で紹介され、わがチビどもはみんな、期待や祈りに応えてくれているようだった。手紙の主は未知の人だが、協会で調べて直接お便りを下さったのだろう。

読んでみると、初めて盲導犬を持った一家からで、本人はもとより、家族ぐるみの喜びが素直に述べられている。少し紹介してみると、

「……ジェニーが家に来てから早いもので一年になります。今日のように暑かったあの日、家族の一員としてどのように迎えたらいいのか少し不安でした。また夫のパートナーとしてうまくやってくれるのかという心配もありました。しかしいろいろな乗り物を乗り継ぎ家に着くまで、ジェニーと夫が一体になって行動していることを見て、驚いたり感動したりしました。盲導犬を全く知らなかった私たちもジェニーと生活するようになってからは、毎日が以前よりも何倍も充実したものになりました。

夫は中途失明した当初、外出も嫌がり、光を失った恐怖に、一度は死を思うこともあったといいます。それがアイメイト協会のお陰で盲導犬と巡り合い、今は健常者と同じ生活ができます。失明で失った以上に、得るものも多いとまで言えるようになり、ジェニーとの毎日が将来の希望をもたらしてくれているようです……（以下略）」

このほか、朝夕の散歩の様子や、家族の喜びと人気を一身に集めている姿、それに積極的に社会に復帰して犬とともに人目を集めるご主人の生き生きとした活動ぶりが、奥さんの心を込めた代筆で送られてきた。

犬の忠誠心を乱さないために、いったんアイメイト（アイメイト協会が養成した盲導犬）に

なると、かつての飼育者と現在の使用者の接触は避けることになっているから、使用者の感謝は、協会経由で伝えられるのが普通で、「……こんな素晴らしい犬を世に送り出してくださった方に、くれぐれもよろしくお伝えください……」といった言葉で終わっていることが多い。今回、初めて使用した方から直接お礼状をいただいたが、アイメイトのお陰で、新たに光を得、生き生きと活動できるようになったという感謝の言葉は、私たち奉仕者にとって金銭には代え難い何よりもの喜びである。

（二〇〇三年　十月）

初めてマチルダがこの世に送り出した、九頭の子犬たちには、母犬の故郷アメリカにちなんだ名前がつけられた。エミリイ、スザンナ、ジョイス、ドロシイ、ヘンリイ、リリアン、などである。プール仲間のアメリカ人にそういって自慢をすると「ドラマノ配役ミタイネ」とニヤリとされたそうだが、エミリイという名前には、井上さんの特別な思いがあった。

女優であり、朗読家としても名高い長岡輝子さんは、井上さんの母方の叔母である。長岡さんが戦後に結成した劇団「麦の会」の公演の際に、当時獣医学校の学生だった井上さんが「俳優」として引っ張り出されたことがあった。その時の演目が、ワイルダア作「わが町」で、井上さんは主役エミリイの父親役を務めた。エミリイ役は荒木道子さんで、劇の進行役は芥川比呂志さんという豪華な顔ぶれで、年上の「わが娘」の肩を抱いていたわる演技が、照れくさくて仕方なかったそうだ。井上さんは、その青春時代の思い出を犬の名前にとどめておきたかったのである。

十二匹の天使たち

―マチルダの二度目のお産―

プロフィール
1995年（平成７年）

井上震太郎さん	72歳
妻・春子さん	65歳
長女・絢子さん	43歳
長男・洋一郎さん	40歳
次女・雅子さん	37歳

当時いた犬

マチルダ：

マドンナの次に、繁殖のためにアメリカから連れてきたラブラドールレトリーバーの雌犬。1990年生まれ。1993年12月、３歳のときに井上さん宅に来る。このマチルダが２度目のお産を迎えていた。

繁殖ボランティアの仕事を続けるうちに、井上さんはあることに気が付いた。それは、「主婦には定年がない」ということだ。

定年以来、夫婦で毎日を過ごすようになると、妻の一日の生活が見えてくる。井上さんは、毎日正午から一時まで、自転車で十五分ほどのところにあるプールで泳ぎ、パンや牛乳といった日々の買い物を済ませて帰宅する。そのころ、妻の春子さんは、若いころから続けている洋裁の仕事や、近郊に住む三人の子供たちに送る宅配の準備、季節の果物を使ったジャム作りなどを手際よく進めている。家で作ったジャム以外、井上さんは食べないというほど、春子さんはジャム作りの名人である。さらに当時は、九十歳を越えて健在だった井上さんの母親の世話もしていたので、その忙しさは尋常ではない。子犬が生まれる前後の時期は、やはり母親としての経験が豊富な妻の出番が多くなる。それでも、午後三時になると、仲間と一緒にテニスを楽しむのを日課としているので、春子さんが家事をテキパキと片付けているのもうなずける話だ。春子さんにとってテニスは、心身の最良の健康法であり、生きがいでもある。

そうした妻の姿を見ていると、井上さんは余計に、自分だけがのんびりと過ごすなどということは不公平なことだ、と思うようになった。今は、朝食は井上さんが作り、昼食はお互いに勝手に済ませる。井上さん自身もおっくうだと思うどころか、単身赴任をしていた経験を思い出し、現役当時を懐かしむ気分を味わっているという。

そんな夫婦の生活に、「甘ったれ」な母犬マチルダが加わって、井上さん夫妻の毎日もますます忙しくなっていった。子犬誕生の喜び、子育て、さらには子犬たちが飼育奉仕を経て全国各地に散らばっていくので、そこからまた新たな出会いや人とのつながりが広がっていく。現役時代とはまた違った充実感を、犬を通して井上さんは味わうようになったのだ。

（一）

マチルダがわが家に来たのは一九九三年の初冬で、すでに三歳になっていた。成犬になってから飼い主が変わるのは犬には気の毒だが、彼女は大変な甘ったれで、初対面のときから、たちまちわが家の犬になった。そして翌年三月には、犬としては遅い初産だったが無事に九頭を出産。さらにその年のクリスマスイブの二産目には十二頭と多産ぶりを実証したが、それも虚弱児や死産もない粒ぞろいの一胎で、年金暮しの夫婦には何ともにぎやかでまぶしいようなクリスマスプレゼントとなった。このうちマアガレットを含む雌三頭と雄六頭が、後日牛久の吉田先生の元に一括して送られ、残りの三頭は東京と葉山、そして私の近所の辻堂に配置された。雄七、雌五の合計十二頭だった。

この二産目のときは、予定日（犬の在胎日数は九週間）までまだ十日以上もあるころから食欲が全くなくなった。どこへ行ってもたちまち人目を引くほど大きく膨らんだ腹の中の胎児が、消化器を圧迫するほどだ。文字通りの身重になったその太鼓腹は、間違いなく十頭以上は詰め込んでいることを物語っていた。そんな大儀そうな哀れな姿になっても、私たちが声をかけるとはち切れそうな腹を天井に向けてひっくり返り、目を閉じて手足を広げ、全身をよじってしっぽを振る甘えぶりは変わらない。しかし春子が、「あなた、もうすぐお母さんなのよ。

そんな甘ったれでどうするの！」とあきれながらいたわっていたマチルダも、いよいよ潮時となると一転して用心深い表情となる。

（二）

ほぼ予定日通りの出産日の暁方、産室に当てたサンルームの中に準備してある厚いベニヤ板で囲った畳一枚分ほどの産箱に入り、彼女は敷き詰めた古新聞をしきりにかきむしっていた。多胎による早産に備えて、いつもより早目の五日ほど前から仮眠のソファで待機していた私は、その音で目を覚ました。予備陣痛の兆候だ。やがて、産箱から飛び出してはまた入って前かきしたり、ソワソワと落ち着かないままにその頻度が高まり、四、五時間後になってやっと出産にこぎつけた。突然、産箱の中に横たわりジワッと破水したと思うと、続く努責《いきみ》で胎胞に包まれた第一子がペロリと娩出される。同時に彼女は見事な母親に変身する。間髪を入れず胎胞を食い破り、臍帯を必死にかみ切り、まだ時々ピクリと動くだけの胎児にすぎないわが子を、鼻先で転がし転がし、休むことなくなめ回して乾かす。これで胎児の肺呼吸への切り替えと、体温と血行の調整を刺激しているのだ。

そのうち突然、また神妙な表情に戻ると、次の努責とともに第二子の誕生……という経過を繰り返し、一時間ごとに二、三匹産んでは一服というペースで、十二頭がそろうまでにちょうど十二時間を要した。朝の九時から夕食後まで、プールもテニスも休んでの付き添いだったが、その間マチルダは、母親そして助産婦の役割を、わずかに口元、つまり鼻先と舌と歯というまことに簡略な用具で過不足なくやり遂げるのだから、ただただあっぱれとしか言いようがない。

かくて彼女は、初産のときに第一子を産んだもののその処置に困り、途方に暮れた様子で私たちを慌てさせたのがうそのように、単なる生理現象のように十二頭の出産を済ませたのだった。

「ご苦労さまだったわねえ。さあ、ごほうびよ」

全部産み終わるのを待ちかねていたように、春子がはちみつと生卵入りの牛乳をマチルダの口元に置いてやると、あの「甘ったれマッチ」はすっかり人間様並みの産婦殿になる。さすがに疲れたらしく、時々ひと息入れながら飲み終わると、満足そうに目を細めて私たちを見比べている。

生まれた子犬は乾き次第、湯たんぽが敷いてある段ボールの箱に隔離しておき、分娩《ぶんべん》の完了を確かめた上で改めて親につけてやる。すっかり乾いてしまってビロードのように光るうぶ毛に包まれた彼らは、すでに胎児ではなく新生児そのものの姿だ。その目も開かない幼い生命が、一斉に手足を不器用にバタつかせながら乳首を探り回る様子は、彼らがまず〝生きる〟という唯一の、しかし無限の広がりを秘める本能だけを頼りにこの世に登場してくることを物語るようである。

マチルダ自身はこれに応え、四肢を広げて横たわり、あれこれと身体をずらせながら子犬たちに乳首をそろえてやる。これが全部で四、五頭ならば、ただ楽な姿勢で横たわっていれば良いのだが、この不自由な体位に耐えて授乳する姿は、ただただ感心するほかはない。いま眼前にいる彼女は、私たちに頼り切ったいつもの「甘ったれマッチ」ではあるが、同時に本来の野生一家の母犬という風情をたたえて見事に輝いている。

十二頭の出産はわが家の新記録で、まず全部無事に育つかという不安があった。何しろ五対で十本の乳頭に対して子の数が多すぎるのが気掛かりだ。しかし盲導犬が足りない現在では、どんなことがあっても一ダース見事にそろえて育て上げたい。これはなまやさしいことではないかもしれないが、それだけにやりがいのある課題だと思って取り組むことにした。以心伝心、春子も暮れから正月にかけての、わが家でもそれなりに慌ただしくなる時期を、平素と少しも変わらず、マチルダの産褥《さんじょく》の始末や、新生児の世話に黙々と取り組んでいる。産箱の中の汚れた新聞紙を一日に何回も何回も取り替えたり、吸い付きの弱い子にはよく出る乳頭を優先的にあてがうなど、脇目も振らずに面倒を見ている。幼い生命の神秘にただ感嘆するだけの私と違って、身をもって産蓐や授乳を体験している彼女は、その母性衝動を共有するらしく、「あ、お乳がよく出始めたらしいわ」とか、「その子は、さっきもうたくさん飲んだのよ」と観察も細かいし具体的に捉えている。子育ての本職にはかなわない。

こうしてわが家の「奉仕」が九ヵ月ぶりに再開された。不安なスタートではあったが、このクリスマスプレゼントたちは、何ともあっけなく、ほとんど親任せで用が足りた。乳首は足りないが適当に交替しているらしい。三日置きに体重を調べても、人工哺乳の必要もない順調な発育ぶりだ。子育てで一番悩まされる夜泣きも皆無、よく飲みよく眠り楽々と育ちはじめた。これは偶然の幸運だったのか、あるいは、ほかの神経質な犬種とは違って、限りなくのどかなラブラドールの特質なのかよく分からないが、意気込んでいただけに拍子抜けするくらいであった。

(三)

「ピンクの目が開きそうよ」

「ライトブルーも早いぞ」

松の内も終わり生後十日を過ぎると、こんな発見が朝の食卓の話題にのぼる。それまで、嗅覚と温感だけを頼りにうごめいていた乳児たちの、堅くふさがったまぶたの真ん中にかすかに光る切れ目が生じ、これが徐々に広がって二、三日後にはまだ焦点のおぼつかないぬれた瞳が現れる。生まれた時に四百グラムだった彼らの体重は、この時期には八百グラムを超えており、この母乳の神秘は感動的でさえある。

ピンクとかライトブルーというのは、目印のために生まれた翌日から首に巻くリボンの色で、雄は青、雌は赤の系統に色分けしたのだが、数が多いので緑と若草色、あるいはピンクにローズなどと細かい区別が必要だった。ラブラドールにはイエロー、ブラック、チョコレートの三通りの毛色があるが、両親ともイエローのこの子たちは、明るいクリーム色に統一されている。そのほんのりと明るい色の、柔らかい被毛に覆われた幼い生命の集団が、色とりどりのリボンを首に巻き、身体を寄せ合って眠り込んでいる光景は、ため息が出るほど無垢《むく》で平和で見飽きることがない。そしてそのリボンの一つひとつが、無心のうちにおのおのの存在を訴えているようでいじらしい。

「おい、お前の聖書を貸してくれよ」

「子犬の名前を選ぶの?」

「うん。クリスマスが誕生日だから、十二使徒にあやかろうかと思って……」

私がこの際聖書を必要とする理由はどうせそんなところだろうと、彼女も長年の経験ですぐに分かるらしい。

しかし聖書には男性名はいくらでも登場するが、適当な女性名は、意外なことになかなか見当らない。このため雌の方は心当たりの知人のクリスチャンネームを拝借することにし、青組はヨセフ、パウロ、マタイなど、赤組ではマリア、クララ、マアガレットといった一族が何とか勢ぞろいした。

そして次はいよいよ離乳。私たちの書き入れ時が始まった。

離乳には、栄養の補給と人工飼料への切り替えのほかに、野生の自然児を人間に順化させるという狙《ねら》いがある。餌を用意して近づくと、彼らは広場の鳩さながらに一斉に群がるようになるが、これは、人間に依存して生きることを学んだ証拠だ。私の家では、まず牛の赤身の挽肉に脱脂粉乳を混和した練り餌《ねえ》でスタートし、これに子犬用のパピーフードを加えながらフードだけを増量してゆき、約一ヵ月でフードの単用に切り替える。その離乳の初日、はじめて生肉に接した彼らが委細構わずむさぼりだす姿は、いくらリボンをつけた天使といえども野生そのもの。この時期の彼らの口臭は、成犬とは違った、野獣のような独特の香気を放つ。

最初は、六頭ずつ個別の容器で二回に分けて給餌したが、落ち着いてじっくりと食べるものや自分の皿には目もくれずに右往左往する慌て者などさまざまで、目が離せない。また、一胎のなかには必ず何頭かの食べ方が遅いのんびりやがいるが、練り餌をその口に押し込んで能率を上げるのは、春子の特技だ。産室の中にしゃがみこんだまま、

「あら駄目よ、ピンクちゃん。お前のごはんはこっちでしょ！　ねえパパ、その若草色にも早く食べさせて。あたしはオレンジに食べさせるから……」

と、彼女の交通整理も大変だ。

この騒動が一段落すると、こんどは次々に思い思いの場所でオシッコとウンチ。その糞《ふん》を点検しながら、重ねたティッシュペーパーで片っ端からつまみ取り、ゴミ出し用のポリ袋に集めたり、汚れた新聞紙の交換、続いて食器を一つずつ熱湯と洗剤で洗う。準備から後始末まで一時間ほど続くこの騒ぎが一日三回、それにプールとテニス……。

出産後数日間はわが子に付ききっきりだったマチルダも、次第に余裕を取り戻し、日中は産室から離れ、子犬と私たち、それに戸外の動静を捉えやすい、居間のサンルーム寄りの一角に陣取っている。時々思い出したように産室に入り、いかにもお義理めいた授乳はするが、すぐに出てしまう。これで離乳を促しているらしい。だがそれでも、子どもたちの排泄《はいせつ》の始末は怠らない。ときどき見計らっては相変わらず鼻先でわが子を転がして肛門と陰部をなめ回し、その刺激で排泄を促す。これはおむつの取り替えに当たるが、この本能はけなげなものだ。しかも、彼らがそろそろ巣立つころ、体重が五、六キロの大きさに育っても、小型犬や猫の糞ほどもある十二匹分のウンチを、とり残しては大変という勢いで食べてしまうのだから、胃袋の負担も相当なものだろう。その負担を少しでも軽くするために、間髪を容れずにティッシュペーパーでつまみ取る私たちの仕事も、忙しくなる一方だ。

乳児から幼児期に向かうころには、子犬たちも産箱では窮屈になるし、中にはその縁をよじ登って脱走する元気者も現われるから、生後一ヵ月にもなると日中はカーポートの屋根の下に組み立てたサークルの中で過ごさせる。この託児所通いには春子と手分けして、すでに二キロを超えてずっしりと持ち重りする、柔らかい、そしてじっと抱かれたままの物体を、二つ三つまとめて抱きかかえながら往復する。足元のおぼつかない私には負担と不安を伴うものの、両腕に余るその成長の手応えに満足しながら、しかめっ面の往復を朝夕繰り返す。運び終わると腰を伸ばして肩で息をする始末である。間もなく、彼ら自身で往復するようにこの園児たちの引率を試みる。産室からテラスにつぎつぎに出したのち、チュッ、チュッ、チュッと舌を鳴らして誘導すると、飲み込みの一番早い子がまず私の後を追い、やがて残った連中も遅れじとこれに続く。そして、テラスから花壇や植え込みの傍らを通るアプローチを、カーポートに向かって、リボンの勲章をつけたぬいぐるみたちが、太く短い手足をバタつかせて必死についてくる。こうして彼らは人間の意図をくみ、これに従うことを覚えてゆくのだ。この情景はわが一家だけで独占するのがもったいないくらいにかわいらしく、そしておかしい。老母にも声をかけると、離れから、これまたタドタドしく現れて見物に加わるが、これも私の手軽で横着な親孝行なのだ。わずか二ヵ月間の彼らとの日々の中でも、このシーンはいつまでも忘れられない置き土産になる。

この朝夕の往復を繰り返しながら、日中はサークルの中で遊び夜は産室に戻って眠るという、終日親から離れた生活に変わっても、彼らは育ち続ける。餌も個別では収拾がつかないからグループ給餌に改める。厚手の発泡スチロールの大皿三枚に粒餌を取り分けて、それぞれに四頭ずつ割り当てるが、一斉に突撃してなだれ込むから、粒餌がたちまち散乱する始末。その狼藉《ろうぜき》の跡を気忙《きぜわ》しく右往左往しながら、最後の一粒まで執念深く探し回ってあっという間に片付けてしまい、まだいくらでも食べるぞという彼らの意気込みだけが、サークルの中に立ち込めている。そのうち一頭が思い立って水を飲み始めると、ほかの連中もこれに続き、これが一段落すると次は一斉に大小の排泄……これを踏み散らかさないように、また、食糞の悪癖をつけないために、どんどん手際よく片付けなければならない。この騒ぎもまた朝昼晩の三回繰り返される。

食後の興奮が収まると、こんどは昼寝やプロレスごっこだ。彼らは生まれながらに急所をわきまえているらしく、耳やのどもと、あるいは内股《うちまた》などに食いつき、頭を振り立てて敵を悩ますが、度が過ぎて相手が悲鳴を上げるとすぐにやめ、やめなければ被害者が本気になって反撃する。これでお互いに遊びの節度を覚えるようになるし、活発な運動能力も身に付くのである。そのうち、気が付くといつのまにか全員そろって討ち死に。折り重なったり一匹だけひっくり返ったりしながら、一斉に「寝る子は育つ」を実践している。

この時期、生後一ヵ月半ごろから時折庭に放して、親も参加する一族の運動会を楽しませる。このプログラムのない運動会では、まずマチルダが、いきなり走りだしてわが子に後を追わせた後、突然振り返ってそのうちの一匹にタックルして転がしたり、その間もしつこく乳首にしがみつく食いしん坊を、歯をむき出して叱《しか》りつけたりする。そしてまた鬼ごっこの再開……。

親子が嬉々として植え込みの間を駆け抜けたり芝生の上を縦横に走り回るこのショーは、彼らにも、また私たち観客にも至福の一刻をもたらすが、このクライマックスはやがてそのままフィナーレとなり、彼らの門出の日を迎えるのだ。

(四)

「パパ、ダークブルーがまた出ているわ」

「あいつはパウロだよ。あきれた使徒だな」

門出の日が近づくと、高さ七十五センチのサークルに手を掛け、中段の桟《さん》にのせた後足を精いっぱいに伸ばしながら、真っ逆さまに外側に転げ落ちて脱走する問題児が現れる。うらやましそうに見ている取り残された連中も、遅かれ早かれこの味を占めるに違いない。体重も平均六キロ、十二頭で七十キロと、三十キロの母親の倍以上にもなり、パワーも好奇心も旺盛、無邪気ではあるが、恐れることを知らないといった、とにかく目が離せない状態になってくる。餌も全員分で成犬の五、六頭分は必要だし、それが毎日等比級数的に増大してゆく。しかも最高級の輸入品の、かつ割り高のパピーフードだから、アイメイト特価という問屋の好意は受けているが、相当の出費であることには変わりはない。サークルのスペースもどんどん手狭になって、物理的にもこの楽園を維持するのは難しくなる。そして何よりも彼らは、安定した心身の形成を目指して、個別にそれぞれの飼い主に預けなければならない時期になっている——苗をいつまでも苗床に置いて徒長させることなく、適期に定植しなければならないのと同じなのだ。

やがて協会の職員が来て右耳の内側に登録の刺青をする。9534とあれば1995年の34番目に生まれたという意味だが、生け花の剣山のような数字の針が柔らかい耳の肉に刻み込まれる一瞬、キャンと短い悲鳴を上げただけであとはケロッとしてしまう。その傷跡に刺青用の染料を刷り込んで一件落着。小さいうちほど簡単で、犬も楽なのだが、成犬ではそうはいかない。苦痛もショックも大きいから麻酔の必要もあるだろう……というわけで、九十三年の秋に三歳半で来日したマチルダの耳には登録番号は入っていない。

約一週間後、刻印の反応が治まったころを見計らってジステンパーやパルボなどの混合ワクチンを私が打ち終えると、にわかに卒業式が迫った気分になり、この子たちともいよいよお別れかという感懐も生まれるが、それ以上に、手抜かりなく引き渡すための準備もあり、感傷に浸ってばかりもいられない。

……そして間もなく、その当日が来る……

長距離輸送に備えて朝から絶食、週ごとに取り替えてきたリボンを出発にふさわしい新しいものに取り替えて迎えを待つ。駆虫や予防注射を行った日、あるいは成長の記録などの個体別の飼育メモに、当日の朝測ったばかりの体重を記入して準備完了だ。

昼食後間もなく、迎えのワゴン車が到着した。マチルダを玄関の中に閉じ込めた後、耳の内側の登録番号を照合しながら、次々に手渡してゆく。輸送箱一個に二、三頭ずつ収容された彼らが、荷台に積まれたその格子の扉ごしに、生まれてはじめて置かれた不思議な境遇を訝《いぶか》しむような「オヤ?」という表情で問いかける視線を、努めてさりげなく順々に一瞥《いちべつ》してから後部ドアを閉める。その瞬間から、彼らは永遠に私たちと、そしてマチルダとは別の世界に行ってしまうのだった……。

ゆっくりと門前の路地をスタートした車が、表通りを左折して視野から消えると、さすがに神妙な気分になるが、同時に一件落着の感も否定できない。ただ、飼育奉仕を始めた当初の、一年間育てた子犬を初めて送り出したときの、胸に込み上げるような切なさは感じなくなった。これは別離に対する免疫ができたというより、むしろ、明日への期待が感傷を上回るからだろう。何しろ彼らは二年後には、私たちがしたくてもできない働きで、一人の障害者を見事によみがえらせるのだ。あの、ムクムクと太って首にリボンを巻いて戯れていた、そして、黒く光る鼻先をそろえ、無心の瞳をこちらに向けたまま巣立っていった一匹一匹が、わずか二年足らずの間に、あれほど崇高な使命を遂行するようになるとは到底信じられないほどだが、その実例をいくつも見ている私は、過ぎてみれば短かった彼等との日々を思って、改めて彼等に託する後味の良い感懐に浸るのだった。

　お向かいの垣根ごしに見える淡いピンクの梅が、春浅い午後の穏やかな日差しの中に咲き満ちて、別離の余韻を和ませる。この花がお気に入りの春子が「良い色だわ……」とつぶやく声にも、ひとしおの感慨がこもっているようだ。

　やがて、コーヒーでも淹《い》れましょうか、という提案に促されて、今は無人となったサークルに目をやりながら肩を並べて部屋に戻ると、何となく事態を飲み込んで母親役を諦めたマチルダが迎えてくれてコーヒータイム。プールにもテニスにも行かれなかった午後の残り時間を、後片付けなどで過ごした。

（五）

　一ヵ月後。マアガレットの飼育奉仕をする石川さんから手紙と共に写真が届いた。メモには、「三月二十九日、金谷先生と一緒に」とある。

「寒い時期なので家の中のサークルに入れておきましたが、明け方に抜け出してバターロール七個食べてお腹をこわして一日入院しました。次の日に金谷先生が返しに来られたときの写真」

ご本尊はすでに何事もなかったようにケロッと澄ましているが、何しろいたずら盛りの時期になるから目が離せないのだ。残りの十一匹も負けず劣らず、それぞれの奉仕家庭でほほ笑ましいホームドラマの主役を務めながら、盲導犬予備軍として成長しつつあるのだろう。ほかにも何枚か写真をいただいたが、石川さんは金谷君や吉田牧師と私が旧知の仲だと知っていて、彼らが登場する写真をそろえてくれたのだろう。

飼育奉仕から繁殖に変わった当初は、何か物足りない感じがあった。繁殖は大事な仕事だし、生命の誕生とその成長に携わることは、かつて味わったことがない厳粛な感動や興味を満喫することができる。しかし、その子犬たちの性格や特徴がまだ未知数の、いわば素材の段階で手放してしまうし、また直接繁殖に携わる期間は産前産後の母体の管理を含めても年間三、四ヶ月にすぎず、あとは手持《て も》ちぶさたの日々が続くだけだ。しかし、ひと腹の子犬を全部いつまでも抱え込んで育てるわけにもいかないから、子犬たちのその後の姿はあれこれ想像するだけで、あとは他人次第になる……それが当初はいかにも中途半端な立場のように思えたのだ。

その空白を少しでも埋めるつもりで、また協会の業務を少しでも軽減しようと、子犬の配布に当たって、私の手の届く家庭には自分で配ることにした。その結果、多くの心温まる善意の方々とのお付き合いも生まれ、自分の役割や持ち場を大きなひとつの仕事の一部として納得できるようになり、子犬を送り出すときの達成感を味わえるようになった。

今回の石川さんとマアガレットのケースもその一つである。子犬たちをはさんで生まれた新しい同志との交流は、いずれもわが家から巣立っていった園児たちからの贈り物なのだと改めて思う。

だから今では、彼らの門出に当たっては、祈りを込めた期待をもって送り出せるようになっている。そして、おかげで定年後も毎年、年賀状もあまり減ることなく新しい年を迎えている。犬の子育てはそう簡単にはやめられないのである。

（二〇〇三年　十月）

ジェードのお陰で

―犬たちの友情―

プロフィール
1997年（平成９年）

井上震太郎さん	74歳
妻・春子さん	67歳
長女・絢子さん	45歳
長男・洋一郎さん	42歳
次女・雅子さん	39歳

当時いた犬

マチルダ：

繁殖のためアメリカから連れてきたラブラドールレトリーバーの雌犬。1990年生まれ。1993年12月、３歳のときに井上さん宅に来る。この当時７歳。

ジェード：

アイメイト協会の理事、茨城県牛久在住の吉田牧師から、一度のお産だけを任されるつもりで預かった繁殖犬。吉田牧師は、視覚障害者でありながら、自らも盲導犬の飼育奉仕や繁殖を手掛けていた。

交配が済んだばかりの繁殖犬のジェードが井上さんの下にやって来たのは、一九九七年三月末のことだった。茨城県牛久で盲導犬の繁殖を手掛けていた吉田牧師は、ご自身が視覚障害者でありながらも、アイメイト協会の理事も務めていた。その吉田牧師の下にいた繁殖犬が二頭同時期に出産を迎えることとなったので、井上さんに助けを求めてきたのである。

当時、井上さん宅には、七歳になったマチルダがいた。とはいえ、繁殖の時期は年に一〜二回しか訪れないので「繁殖の奉仕」などといわれることが、何とも大げさな気がして、井上さん自身は面映く思っていた。だから、井上さんはもちろん、吉田牧師の依頼を快く引き受けたのである。妻の春子さんにも異存はなかった。

この一九九七年という年、井上さんの周辺にはよくないことばかりが頻発していた。隣家に住む実弟が、がんのため六十五歳で亡くなるという不幸に見舞われた。三人兄妹の一番下の弟に先立たれたショックに加え、がん細胞の凶悪さや大学病院のおざなりな診療体制をこれほどまでに恨んだことはない、と井上さんは当時を振り返る。さらに、第二章に登場したマドンナの足の肉腫が見つかったり、以前勤務していた会社から連れ帰ってきて以来、一家の人気者だった黒猫のトントンが猫エイズのために息絶えてしまったり、といったことが続いた。追い打ちをかけるように、幼いころ一緒に暮らした従弟が心臓病の手術ミスで脳梗塞を併発し意識不明となり、さらに身近な同僚やアイメイト協会の理事を亡くすといったことまで同時期に重なり、よくもこんなに、と思うほど悪いことばかりが井上さんの日記には残っている。

それでも、自分自身が「老い」の時期を迎えていることを認めながら、「俺もそろそろか、とは思わなかったんですよ。のんきで無精な性格が幸いだったのかもしれませんが、『まだ七十四歳』と思っていました。百歳を目の前にした母も健在だったですしね」と井上さんは言う。

そんな時期に、新しい生命をおなかの中にはぐくんでいたジェードを迎えたことは、井上さん夫婦に、暗い記憶に代わる「新しい期待」を膨らませてくれたのだった。

（二）

一九九七年三月末、三歳のジェードが三産目の交配直後のまだ多少出血が残る状態で連れて来られた。

アイメイト協会の理事の吉田牧師から、自分のところで二頭続けて出産することになったが、一度に二頭は無理なので、そのうちの一頭の出産を引き受けてもらえないかと頼まれたのである。お産の上手な犬です、という触れ込みだった。

新しい環境に慣らしておきたい、と早めに連れて来られたジェードは、桜が咲き始めたころから新緑のまぶしい季節にかけて、マチルダや新しい環境にもなじみ、何の不安や動揺も示さずに無事に我が家の犬となり、やがて妊娠も確実となった。

臨月に入り予定日が近づくと、ジェードはさすがに大儀そうな様子を見せるようになってきた。もともと引き締まった身体だから、道を歩けばダブついたお腹がたちまち人目を引く。芝生で休んでいても小刻みな浅い息遣いの間に、ときどき胎動を感ずるのか、じっと呼吸と視線を止めて「その時」を待つような表情はいじらしくさえある。その上、ついこの間までの彼女とは違った、ひとりの自立した母親らしい存在感が備わってきて、犬の出産と育児という、犬と過ごす日々のなかで最も感動的、かつ濃密な事態がいよいよ迫ってきて、私たちもその準備に取り掛かった。サンルームを消毒し、その中に用意した産箱に、すのこ、段ボール、新聞紙と順々に重ねた上で、夜は一人でその中に寝かせるようにする。また、新聞紙は新聞交換に出さずに前もって用意しておく、などといつもの手順通りだが、ジェードに関しては初めてのお産なので、それなりの緊張や不安を覚えながらその日を待った。

交配直後に家に来てからちょうど二ヵ月目の五月二十九日、朝から前かきを始めた。予備陣痛が始まった兆候だが、分娩になるまでにはしばらく余裕があるので、予定通りに日課のプールに出掛け、春子は洋裁の生徒の来客もあり、普段と変わらぬ半日を過ごした。プールから帰った私も、少し早めにマチルダだけを連れて近所を一回りした。そのうち洋裁の客も帰り、穏やかでいつもの家族だけの、この季節の長いたそがれがやってきた。そしてその時を待っていたようにジェードが産気づいたのである。

以前、出産予定日直前の犬を預かったことがある。飼育者が急にアメリカに所用ができてその間の出産を頼まれたのだが、一週間ほどで帰国し、親犬とまだ目も開かない初生児を一緒に連れ帰ってくれたから、いわば産婆だけを引き受けたようなものだった。

このときも洋裁の来客があったが、その間に我慢できず、産室にまだなじんでいなかったこともあり、昼ごろ突然庭に飛び出して藤棚の陰の植え込みの中に第一子を生み落とした。マドンナの初産のときも、休日で遊びに来ていた孫たちが帰るのを待っていたように出産が始まった。人類最古の伴侶といわれる犬ではあるが、野生動物と同じように、孤独で落ち着ける場所を選んで出産したいらしい。もしかするとジェードも、洋裁の来客がいる間は我慢していたのかもしれなかった。

お産がうまいという触れ込み通り、それからは簡単だった。最初の一頭は夕食を待つ間に気が付いたら生まれており、その後は見にゆくたびにまた生まれているというありさまで、我々の介助はまったく不要、むしろ初生児をタオルでふいてやることにも警戒するほどで、母性本能が非常に強いことが分かった。私たちを信頼しきって、「子どもの世話の方はお願いします」と言わんばかりのマチルダとは大違いである。結局、夕食をはさんで九時すぎに見届けに行った時には、八匹の初生児を抱えて産箱に収まっているというあんばいだった。

安心して一夜を過ごした翌朝、さらに二匹生まれて合計十四の乳児を従えているジェードを見て驚いたが、早速性別を確かめると雄は三匹だけで残りは雌という上首尾で、まるで私自身の手柄のように、早速協会や吉田牧師に報告した。

（二）

ジェードを預かったときには、このお産だけ引き受けてその後は吉田牧師に返すつもりだった。しかし、わが家の次には、もとの吉田牧師ではなくまだ繁殖の経験のない新しい人に委託すると聞き、私の気持は一変し、ジェードを引き続き飼うことにした。

　もともと彼女は不遇な犬で、初産の直後に都合が悪くなった担当者が、生まれたばかりの一胎の乳児ごと彼女を協会に返上するという事態となり、後を引き取った吉田牧師の元で二産目を産んだものの、その次には私の所、そして今度はまた別の家に行くという。この親の愛情に恵まれぬまままたらい回しにされる孤児のような境遇が哀れで、こんどこそ住み慣れた所に安住させてやりたい、また、そろそろ御役御免《おやくごめん》になるマチルダの後釜にちょうど良いと思い、協会の指示を断って一緒に飼うことにしたのだ。春子ももちろん賛成だった。

　なんの屈託もなくのんびりと甘えながら、甘美な容姿で人目を引くお姫さまのようなマチルダに比べると、ジェードは目も口元も狐のように細く、ラブラドール特有の、カワウソのように付け根が太いはずのしっぽも細長く、その上毛色もブラックの祖母犬の血を引く茶色がかったイエローだから、いかにもパッとしない。それが哀れを催し、そんな彼女を手放すのが忍びなかったということもある。だが、狐目ながらも、よく澄んで落ち着いたまなざしと引き締まった筋肉とが、怜悧《れいり》で忠実な彼女の優れた資質のすべてを物語っており、次第に私も彼女を通じて「作業犬」の真髄を学ぶことになった。

　以来彼女は、わが家の犬として過ごした四年間を通じ、着実にその務めを果たし、容姿よりも性能を選んだ協会の期待通りに、多くの優れた盲導犬を提供してきた。わが家においても、彼女が来た年の暮れに一緒に出産したのを最後に引退したマチルダに代わって、その後の繁殖犬の主役を務めることになったのである。

（三）

「ジェードが鳴くのを聞いたことがないわねえ。この犬、鳴かないのかしら？」

いつごろだったか、春子が気が付いてつぶやいたことがあった。要求があるときだけ遠慮がちにクンクン訴えるだけで、ほえたこともないジェードだったが、出産後は、他人が子犬を見に近づくと、普段ならしっぽを振って歓迎する人に対しても唸《うな》ったりほえたりして威嚇した。この点、のんきに子犬と一緒に甘えるようなマチルダとは正反対だ。

また、狼のようにわが子をくわえて運ぶこともできた。一匹だけ離れてピイピイ鳴いている子がいると、すぐにくわえて連れ戻すが、甘ったれのマチルダはこれができずに、こんなときには裏声でヒュンヒュン鳴いて、私たちの応援を求める始末なのだ。確かにジェードは「お産がうまい」犬だった。

生後二日目、一匹ずつ目印のリボンをつけて体重を測り、いよいよ育児が始まった。マチルダの子に比べると全般に小ぶりだが、虚弱児もなくよくそろっている。そしていつも同じだが、このチビたちでもリボンを首に巻くとたちまちそれぞれの存在感が出てくる。そして、それまでの胎児同然の姿が、可愛らしい乳児たちに一変する。リボンは、個体を識別するために一匹ずつ色を変える必要があるのだが、五、六匹ならともかく、十匹となると雄は青系、雌は赤系の中間色を総動員することになる。

体重測定も三日置きの楽しみであり、また欠かせない。病気の早期発見はもちろん、リボンが落ちてしまうと、体重の比較で見分けるほかはない。三日間隔ぐらいなら、前回の体重を参考にして推定してもまず間違いはない。だが測定日の間隔が長引くと、正確な判定は無理だろう。毛色は全部イエローだし、どれも同じような顔をしているから、生後一ヵ月ごろまではリボンだけが目印なのだ。しかも、生後二週間ほどで目が開き、仲間同志で取っ組み合いを始めるようになると、結び目が解けたり首から抜けたりして落としてしまう子がいる。一匹なら分かるが、複数になるとその落とし主を確かめるには直前の体重の比較で推定するほかはない。そしてリボンなしでも分かるようになるころには、彼らはもう巣立つばかりになっているから、最後までリボンのつけ違いがないようにこだわることになる。

一方ジェードも、子宮の収復と悪露《おろ》の排出を促すために、産後五日もすればマチルダと一緒に連れ出してどんどん歩かせるが、出掛けるときは嬉々として歩きだすものの、帰りはやや急ぎ足になり、家に着くとまっしぐらに子どものもとに駆けつける。しかしそれも、子犬の成長に伴ってそれほど慌てなくなる。

このように、動物の親は本能的に子どもの成長ぶりを感知して対応できるらしい。例えば、離乳が始まると、親犬は狼や鳥類のように吐き戻しをして食べさせることがあるが、始めのうちは時間がたってよく消化した状態で吐き出すが、子どもの消化能力に応じて、次第に食べてすぐの未消化の状態で吐く。これは春子の発見だったが、さすがに身をもって育児を体験した者だけのことがある。そして、野生を失ってわが子の成長ぶりに鈍感になった人間様も、動物の親たちに見習うべきだといつも感心させられる。

その子育てには非の打ちどころがない見事な母親ぶりを見せるジェード。しかし彼女がある日、突然幼犬に戻ったように、わが子を忘れてはしゃぎ出し私たちを驚かせた。

（四）

子犬たちがかわいい盛りになる生後一ヵ月ごろから来客が多くなる。こちらから呼び掛けるひともいるし、こんどはいつですか、と待っているひともいる。私たちは見慣れているが、一匹でもかわいい子犬が集団で戯れたり昼寝をしている光景は、無条件に楽しく、また、彼らの将来の使命を思うとしみじみと心を打たれるものがある。そしてジェードが、時にはわが子の遊びや日なたぼっこに付き合いながら守り育んでいる様子、この平和で無垢な楽園を見ていると、私はこれこそ神からの贈り物だと思いたくなるのである。この楽園をできるだけ多くの人々と共有したいと努めて来客を歓迎した。春子に負担をかけることも多かったはずだが、これも繁殖を受け持つものの責務のひとつだと思っていた。

来客たちが、門に入ってカーポートに置かれたサークルの中を一瞥《いちべつ》した途端に、たちまち起こる大歓声！　あいさつなどは後回しだ。起き上がった子犬たちが一斉に来客を迎えにフェンスに集まると、早速その一匹を抱き上げて顔を寄せたり、フェンスをまたいで中に入るひともいる。その足元に殺到し、スニーカーのひもを引っ張ったり、靴にかじりついたりするチビもいる。初対面のひとを歓迎するのに、これほど簡単で効率的な演出はない。それでも人並みのお相手は欠かせないというので、春子はテニスに行く時間を気にしながら、茶の間と芝生に持ち出したガーデンテーブルの間を何回も往復することになる。

この楽しい騒動は、何しろ、ほとんど毎年二回の出産という多産ぶりだから、ジェードの時代になってからは特に多くなった。それも早春あり、盛夏ありと季節を問わなかった。

そのうちの、ある初夏のころだった。ジェードの育ての親だった竹村さん母娘が東京から、かつてのわが子の母親ぶりと、その一族を見に訪ねてきた。竹村さんはジェードの後は飼育奉仕をしばらく休み、アイメイト後援会の活動だけになっている。この日彼女を見た途端に、ジェードはちょっといぶかしげな顔をしただけでたちまち思い出し、わが子を忘れて自分も幼犬時代に戻ったように、いきなり竹村さんの背中に後ろから飛び乗った。竹村さんも嬉しそうに、大きくなったジェードをいかにも手慣れた様子でおんぶした。前脚を肩に掛けてしがみついたまま尻尾を振る大きな赤ん坊の重さによろけながら、後ろ向きに、

「ジェード、覚えていてくれたの！」

と語りかける竹村さんの嬉しそうな表情は今でも忘れられない。

ジェードは、一人前の母親になってからも、幼時の母親を忘れていなかったのだ。そして、その恵まれなかった生い立ちを哀れんでいたこの犬にも、愛情にたっぷりと包まれていた日々があったことを知り、私も春子も涙ぐましいほどの感動を覚え、ジェード！よかったね、と嬉しくなった。

この日、たまたまNHKのローカルニュースで盲導犬繁殖の取材があり、居合わせた見学者と一緒に、ジェードをおんぶした竹村さんが夕方のニュースに映り、後援会の仲間たちが、またやってる、やってる、と笑って見ていたらしい。竹村さんは幼犬時代のジェードをかわいがって、いつも背中におんぶして会の集まりに参加していたという。

そのあとにも一度、ジェードの子育てを見に来られたことがあるが、ジェードへのお土産はいつも、子犬時代にもらっていた、食べやすい大きさに砕いてある牛の骨だった。また二度目のとき、庭にあるラズベリーを株分けして差し上げたが、それ以来、ジェードの消息とラズベリーの生育ぶりが、両家をつなぐキーワードになっている。

こんなエピソードは思い出せばきりがないが、とにかくこの日から私たちは、ジェードに寄せる竹村さんご一家のお気持ちを思い浮べながら、一段と深い感慨を込めてこの犬に接するようになったのだった。

（五）

ジェードがわが家で暮らしたのは二〇〇一年八月までの四年五ヵ月、五十三ヵ月間である。この四年そこそこの年月は、それほど長い付き合いだったとはいえない。だが私には、単なる抽象的な言葉だった「老い」が着々とわが身の現実として迫る日々を、ジェードとその子育てのお陰で、まだ老けこむのは早い、と励まされていた日々でもあった。年末にジェードと一緒になった出産を最後に引退したマチルダは、その後はわが家のペット同然のご身分だが、現役のジェードの存在によって、私はわが身の老いを忘れることができたし、また、彼女の子犬を引き受ける奉仕者との新しい交流が広がるにつれ、教えられることもさらに多くなった。

それにしても、ジェードは一見控えめで地味な犬だった。だがそれだけにとどまらず、忠実で聡明、しかも作業意欲を備えた彼女の優れた資質が次第に判ってきた。頭が丸く目も大きいマチルダとは対照的な、細長い顔と狐目に、私は当時よく手配写真で見かけた「狐目の男」にちなんで「おい、グリコ森永！」などとからかっていたが、それでも、穏やかで無難なマチルダ以上に、ジェードはキビキビとしてけなげな働き者を黙々と送り出している。

四年五ヵ月の間、彼女は三産から九産で引退するまで七回にわたって、わが家から盲導犬予備軍を合計五十頭送り出した。五十三ヵ月の約半分、交配から育児期間を含めた四ヵ月を七回、二十八ヵ月は繁殖犬として働き続けたことになる。しかも、二産までの分を含めるとその数は総計七十頭にはなるだろうし、その多くは成績が良かったから、彼女は貴重な繁殖犬として、わが家で生まれた分だけでも後継ぎの繁殖犬は雌雄合わせて四頭になる。

この間わたしは、ジェードの同胎犬がすぐ分かるように、一胎の産子の名前をその都度、次のように世界の川、都市、山といったように、地球にちなんだシリーズにそろえることにしてきた。

一、(第三産) 一九九七年五月出産 ○川シリーズ 雄三雌七 計十頭
ローヌ、エルベ、ドナウ、ナイル、ヴォルガ、レナ、アマゾン など
二、(第四産) 同年 十二月出産 ○島シリーズ 雄八雌二 計十頭
エルバ、ジャマイカ、マジョルカ、キプロス、ソロモン など
三、(第五産) 一九九八年七月出産 ○海(雌)・湖水(雄)シリーズ 雄六雌三 計九頭
アドリア、ティレニア、マジョーレ、ヴェネツィヤ、ハルナ(榛名)、マシュー(摩周)、レマン など(うち雄三頭は協会から各地税関の麻薬犬に寄贈)
四、(第六産) 一九九九年二月出産 ○山脈シリーズ 雄五雌一 計六頭
アンデス、ジュラ、スズカ(鈴鹿) など(うち雄二頭は麻薬犬に寄贈)
五、(第七産) 同年 九月出産 ○町名シリーズ 雄一雌六 計七頭

セヴィリヤ、リンツ、アローザ、ヴェローナ、ナンシイ　など
六、（第八産）二〇〇〇年四月出産　〇天体シリーズ　雄四雌二　計六頭
オーロラ、アポロ、コメット、ジュピター　など
七、（第九産）二〇〇一年六月出産　〇宝石シリーズ　雄一雌三　計四頭
クリスタル、ルビー、オパール、サファイヤ

このように、川、山、町などの区分により同胎犬が判るようにしたつもりだったが、終わりには地表だけでは収まらず、地上の天体や地下の宝石にまで範囲を広げて間に合わせるほどになってしまった。

こうして整理してみると、そのシリーズごとに、新しいリボンに付け替え、ズッシリと重いだけでまだ鼻も黒く、まつげも長い幼いチビたちを抱き上げ、期待を込めて飼育奉仕の新しい飼い主に愛情のバトンタッチをする瞬間の言い難い感懐がまたよみがえってくる。

いつも決まってご主人の運転で休日に家族おそろいで来られる足柄山麓の農家のMさんは、わが家に初めて犬が加わったころに似た家族構成の、働き盛り、育ち盛りの朗らかなご一家で、いつも懐かしく爽やかな後味を残して帰られる。また、「新婚旅行で行ったジャマイカがいいわ」とか、「この間のツアーで素晴らしかったマジョーレにするわ」などと言いながら選んだ方々、あるいは老後の楽しみにと猫用のバスケット持参で電車で連れて帰られたKさんご

夫婦のことなど、思い出は尽きない。ジャマイカのWさんは、その後富山に転任されたが再び東京に戻られ、Kさんは、まもなく故郷の岡山に引退されたものの、今でも東京、岡山間を往復しながら協会の飼育奉仕を続けられている。そしてそれらの犬から生まれたお仲間にも、また私にも、それぞれの歳月が流れた。

そして今では、この中の雄のアンデスと雌のセヴィリヤ、ルビー、それにクリスタルの三頭は繁殖犬として残り、ほかの多くの子たちは、各地で期待通りに盲導犬として活躍しているというのが、多くのお仲間たちのご声援のもとにジェードがわが家で築いた成果なのだ。

（六）

だが、それでも「老い」は避けられない。私ばかりではなく、ジェードも老いつつあった。前掲の一覧表にあるように、彼女の八産、九産目になると、産子数が急減しているが、これは胎児の数は変わらなくても、死産などで歩留まりが悪くなったからだ。

すでに八産目には、胎胞が子宮内で破れたのか、胎児は丸裸で生まれ臍帯も切れていた。死産も多く、繁殖力の強かったジェードの子宮も、さすがにこのころから衰えはじめ、最後まで胎児を支えきれなかったようだ。私はこれが限度かと思ったが、協会ではあと一回、後継ぎを取りたいということで、一回休ませた上で交配をした。そしてこの時は、最後の仕事を終えたジェードは、わが家でマチルダともども老後をいたわってやるつもりだった。交配の結果、やはり死産の多かった中で生き残った四匹は、体重がいつもの半分ぐらいの虚弱児ばかりだったが、必死に手を尽くした結果、ルビーとクリスタルが、親の名前に恥じない珠玉の遺作そのもののように繁殖用に選ばれ、私たちの感慨もさらに一段と深いものになった。

実は、この最後の出産のとき、その詳細は後に述べるが、ジェードに代わるマライヤという若い雌をまた引き受けており、マチルダも加えて三頭の犬がいた。そしてそれが、思いがけない、また忘れがたいエピソードをもたらしたのだった。

当日、サンルームの中でジェードが夜中に産気づいたとき、隣の居間にいたほかの二匹が、なんと一緒にトコトコと二階に上がってきて、ご注進〳〵とクンクン鳴いて春子を起こしに来たのだ。ご老体のマチルダも、よくあの階段を上ってきたものだ。

仲間の出産という一大事を知らせるべき相手を的確に判断できた彼らの知能や連帯感、また、私たちに対する信頼や依存の証しというべきこの行動は、長年犬と暮らしてきたわが家でも初めての、そして最も感動的な体験になった。胸に込み上げるものさえあった。

――だが、私は犬にではなく、春子に起こされただけだから、彼らも私の「老い」を知り、お産の主役は、私ではなく春子だと判断したのではないか。ただの偶然ではないだろう。

思えば、自らの老いをどう把握すべきかというのは結構厄介だ。体力の面でも、年だから無理をするなと思う一方、もっと踏ん張らなければ老いを早めるだけだという気持に迷いながら私はプール通いを続けてきた。しかし最近では体力だけではなく、気力や情感、記憶力などの衰えが著しい。隠居は仕方がないし、そのあとは読書三昧というのも結構だが、その読書力も、読んでも忘れる、すぐ眠くなる、集中できないという始末で、若いころは読みだすと興奮して眠れなくなるほどだったのがうそのようだ。白紙のままの日記が、日付だけはお構いなしに過ぎてゆくような生活は情けない。とは言っても、その白紙のページを埋めてゆくのに何があるのか。新しいことに挑戦する頭脳の鮮度や根気には自信がない。しかし、いや応なしに対応せざるを得ない犬の世話くらいはまだしばらくは何とかなるか、という未練がましい迷いもあって、私は協会に対して、ジェードを最後に引退したい、と申し出るのは躊躇《ちゅうちょ》していた。

そんな折しも、協会では二匹の雌犬を相次いで繁殖から外すことになり、現在盲導犬の訓練中だがまだ避妊していないマライヤという犬をその穴埋めに転用し、委託先を探しているとの照会があった。そして、腹を決めかねていた私は、ジェードの後継ぎにこの犬の繁殖をまた買って出たのである。だがこれは、決断というよりは、まだ先の長い若い犬を最後まで引き受ける確信もないのに、やれば何とかなるか、といった希望的な観測による賭けというべきものだった。

このような次第で、わが家には一時、三匹のラブラドールが勢ぞろいすることになったのである。

どうも煮え切らない話だが、春子も乗り気だし、またそれなりの事情もあった。家にはすでに白寿に近い母がいる関係上、私自身完全な隠居気分にはなれず、春子に至っては二つの老後を抱えながら自分も老いていく境遇にある。この釈然としない立場が、私たちの迷いの根源にあった。そんな暮らしの中では、一回二ヵ月の子犬の世話が毎年一、二回あるのは何よりもの気晴らしになるのだ。ただかわいいだけではなく、期待をもって成長を見守る喜びや充実感が、私たちにとっては唯一の救いになっていた。しかし、若い新米の繁殖犬のほかに二頭のリタイヤ犬を抱えるのはさすがに負担が大き過ぎるから、ジェードはこんどで最後になる子育てを終えたのち、まことに心苦しいがリタイヤ犬を引き取って下さる方にお願いしようと決めたのである。そして、多くの繁殖者が同じように新旧交替をしている実例と比較しながら自分を納得させ、その結果、前述のようにジェードの最後のお勤めをほかの二匹が見守ることになったのだ。

（七）

マライヤはその年（二〇〇一年）の二月のはじめに、協会の若い女性指導員に連れられてわが家に来た。その前年の十一月に満一才の誕生日を迎え、これに前後して初潮があったから、遅くとも七月ごろまでには二回目の出血があるはずだ、という話だった。次の交配予定にはまだ半年近くあるが、早く新しい環境に慣らしておいたほうがよいと早速やってきた。ジェードの出産後、育児の間にマライヤを交配し、二ヵ月後にジェードとその子犬が巣立ってから、マライヤの出産が始まるという計算だった。

マライヤのいかにも若雌らしく子鹿のようにすっきりした身体と疑いを知らぬ瞳は、忠実で作業意欲に優れたことを示していた。そしてこの若い仲間を、マチルダもジェードも余裕をもって迎えたが、マライヤはこの両先輩に甘えながらも、当初は自分の序列に伴うストレスがあったと思う。また、遠く離れた霞が浦のほとりの平穏な町に住み、大学生と高校生の二人のお子さんがいる伸び伸びとした家庭で育った彼女は、わが家のような街中の老人家庭には何となく戸惑っていたのかもしれない。

そのためか、彼女は若い来客や孫たちが来ると、途端に生き生きとはしゃぎ回った。そして、みんなが帰ると、退屈していろいろなものをやたらにかじった。特に庭木や鉢物が被害を受けた。かじりだすと、まるで牛の骨をもらったように脇目も振らずに取り組んでいる。サンルームに備えてある厚いベニヤ板の産箱もガリガリかじって壊された。シャンプーした身体を乾かそうと日なたにつないでおいたら、新品の牛革の引き綱を食いちぎって食べてしまい、庭に離れていたこともあった。知人に教わった通りに、早速、食塩を練り込んだバターをなめさせたら効果満点、五分もたたないうちにドッグフードのように溶けかけた牛革の残骸をゲボゲボと吐き出したのにには驚いた。

これらの異常行動はストレスによるらしいことは推測できたが、この情緒の不安定はやや不安だった。また、いつまでたっても肝心の発情の兆しが全く見えず、陰部も普通よりは窮屈な感じがある。おまけにこの犬の母犬は産癖が悪く、いつも難産になるのに耐えられなくなった飼い主が繁殖を辞退し、その代わりに娘のマライヤが起用されたという経緯もあった。それだけに遺伝的に繁殖能力の不安はないのか協会と話し合った結果、ジェードの子育てが終わり次第、ジェードと、その子で東京の家庭に送られるサファイヤと一緒に、マライヤもいったん協会に戻して様子を見ることになった。若い犬だから、繁殖が駄目でも盲導犬として使うにはまだ間に合うという計算もあった。

そしてその当日を迎えた。

八月六日、別れを惜しむにはあまりにも明るく暑い夏空が朝から広がっていた。日記には「九時すぎ協会から迎えの車が来た。ジェードは乗せられるとき嫌がって、辛い別れとなる」としか書かれていないが、海への道が込むのを避けて朝早く出たらしく、こちらもまだ気持ちが整わないうちのお迎えだった。

この別離のときのジェードの反応は、今まで私たちが経験したことのない切々たるものだった。

協会からの迎えの車に乗せられるとき、サファイヤもマライヤも同乗しているにもかかわらず、ジェードは、まるで絞首台に引き出されるような絶望的な表情をした。この犬は絶対にほえず、無言のまま、顔としっぽだけで喜怒哀楽を表現する従順で忠実でしおらしい犬だった。いままで交配のため協会から迎えにきた車に乗せられるときには特別の反応を示したことはなかった彼女だが、あのときは、深いあきらめに満ちた表情で私たちから目を離さずに、無言に近い小声でクンクンと訴えていた。その嘆きを、私は永久に忘れることができない。ジェードはこのとき、主従の別れを察知したのだろうか……。

彼ら動物同士の親子の別れは、親離れ、子離れという自然の法則による、いわば生理的な要素に従って行われるようだが、主従の別れは、犬にとっては命を断たれるほどの心情的な苦痛をもたらすものらしい。

私にとっても、サファイヤの晴れの門出とマライヤの再出発を見送ることが重なったジェードとの別れの心境は、何とも複雑なものだった。私が思っていた以上に私に頼っていた相手を、こちらの都合だけで一方的に手放したようなやましさがぬぐえず、八月六日が広島原爆の日だったことさえも、日記には全くふれていない。

そしてその後も真夏の白日夢を見ているような毎日を過ごしながら、まだこのままでは終わらない、何かあるだろうという予感、あるいは一抹の期待がくすぶっていた。

あの心境は、シューベルトの未完成交響曲が、第二楽章の次に第三楽章の冒頭のスケッチを少し残して終わっているのに似ているが、ジェードが去ったあとの私は次のスケッチを模索していたのだ。そしてシューベルトの場合は、二楽章だけでも不朽の名曲とされているが、私のジェード組曲はその域にも達せずに、終曲の途中で途切れたままになってしまった。

マライヤとの三年間

―金婚式を迎えたころ―

プロフィール
2001年（平成13年）現在～
2003年（平成15年）頃

井上震太郎さん	78歳
妻・春子さん	71歳
長女・絢子さん	49歳
長男・洋一郎さん （5人家族＋レトリーバーのモモ）	45歳
次女・雅子さん	43歳

当時いた犬：

マチルダ：

繁殖のためにアメリカから連れてきたラブラドールレトリーバーの雌犬。1990年生まれ。1993年12月、3歳のときに井上さん宅に来る。2001年現在11歳。

マライヤ：

2001年2月、アイメイト協会から委託された繁殖犬。盲導犬として訓練途中だったが、避妊手術をしていなかったので、不足していた繁殖犬に転じた。

ジェードを最後に盲導犬の繁殖ボランティアを引退するか否か、井上さんは迷っていた。そんなときに、アイメイト協会から委託先の照会があったのがマライヤだった。二匹の雌犬を相次いで繁殖から外すことになった協会では、当時盲導犬として訓練を受けていたマライヤを繁殖犬として転用しようと考えたのだ。一歳になったばかりのマライヤは、避妊手術を受けていなかったから、それが可能だった。まだ先の長い若い犬を最後まで引き受けられるかという確信のない年齢に達していた井上さんだったが、それでも完全な隠居気分になれず、妻の春子さんも、白寿を迎えようという母親の世話に追われる日々を送っていたので、毎年一～二回の出産と一回の出産につき二か月程度の子犬の世話があることが何よりの気晴らしになっていたのだ。「これが最後の奉仕かもしれない」と思いつつ、「私たちでお役に立てるのなら」と引き受けてはみたものの、マライヤは、庭木や鉢物をはじめ、引き綱までも食いちぎってしまうなど、ストレス性の異常行動を繰り返した上、予定日を過ぎても発情の兆しが見られなかった。その上、マライヤの母犬が難産だったということもあったので、結局、マライヤをいったん協会に戻して、様子を見ることにした。

ところが、環境の変化が功を奏したのか、協会に戻って半月もたたないうちにマライヤに発情の兆候が見られた。そして交配が済んだマライヤは、再び井上さん一家に迎えられることになったのである。

（一）

二〇〇一年（平成十三年）八月六日の広島原爆の日に、ジェードとサファイヤの親子に加えて、予想された出血がなかなか始まらないので、繁殖犬としての適否を再検討するためにいったん協会へ戻ることになったマライヤの三匹が協会へ行ってしまった後、ジェードの遺作の残り三匹の子犬も、十一日のルビーを皮切りにオパールとクリスタルが、お盆の間にそれぞれの飼育家庭に引き取られていった。

このお盆休みの間には、水戸の次女一家四人に続き、熊谷からは長男の五人家族が犬のモモを連れてやって来た。おまけにモモは五匹の子連れだ。孫も上は高校生から下は小学校低学年までと、まるで難民収容所のように家の内外に人と犬があふれ、私もマチルダも居場所がないようなありさまだった。平和で陽気なラブラドールばかりだったから良かったものの、他の犬種だったら大変だったろう。

モモの子犬たちは分譲するつもりで連れてきたので、そのうちのバナナを鎌倉の木村さんが選んでくださったのはありがたかった。そのときには二年後にそのバナナの子犬がＮＨＫの連続テレビドラマの「盲導犬クイール」に出演した縁で、マチルダも晩年のクイール役で最終回の劇的なシーンに登場するなどとは思ってもいなかったが。

こうして、ジェードたちがいなくなったことによる虚脱を吹き飛ばすようなお盆の嵐が去った後は、わが家は四年前のように、マチルダと猫のミミとに慰められる毎日に戻ったが、ジェードの子育てに自分もひと役買いたがっていたマチルダは、ときどき子犬を探してクンクン鳴くし、当時五才のミミをつかまえては、子犬のつもりで顔や尻をなめたりする。マチルダがミミに対しても母性衝動を示すのがおかしかったが、この行動にはそれなりの理由があり、また、そういえば以前からいた黒猫のトントンが新参者のミミをいじめると、あのおとなしいマチルダがトントンを威嚇してミミをかばっていたことなども思い出した。

ミミはジェードが来た年の一年前、一九九六年七月のはじめに我が家の一員に加わった。お向かいの坊やが幼稚園の帰りに拾ってきた、目が明いて間もない三毛の捨て猫だった。坊やはあいにく猫アレルギーがあって飼えないし、適当なもらい手もないというので、すでにトントンがいたにもかかわらず人口哺乳で育てるつもりで引き受けたのだった。たまたまこのとき、マチルダにもまだ哺乳中の五匹の子犬がおり、犬の乳首は五対で十本あるから、乳首にも余裕があった。

ある日私は、横たわっているマチルダの乳首に夢中で吸い付いている子犬たちの隙間に、試しにミミをそっと置いて乳首に吸い付かせてみた。子犬たちは何も知らずに自分の乳を飲むのが精いっぱいだ。マチルダは頭を上げてけげんな表情で私を見たが、すぐにまた横になって授乳を続け、そのうちわが子と一緒になめてやったりもする…。

しかし、盲導犬用の子犬を養成する場合、将来彼らが誘導中に他の犬などに気を取られないよう、たとえ犬であっても他の動物と一緒に育てることは禁じられているから、私は一匹だけ毛色の変わった「三毛の子犬」が混じって乳を飲んでいる光景を写真に撮った上で、翌日からはミミに哺乳瓶で代用乳を飲ませていた。しかし、ただこれだけでも、ミミがその後もマチルダの母性衝動の対象であり続けるには充分だったのである。

（二）

こんな古い記憶を思い出していた私の無聊《ぶりょう》な日々は、意外にも早く突然終わることになった。

半ばあきらめて協会へ送り出してから半月足らずのある日、マライヤの出血が始まったという知らせがあり、その後の引き受け先は未定だが一応交配したいということだった。飼育環境の変化が刺激になって発情が始まることは珍しくないらしい。

私は「おやおや、今さら」と思ったし、ますます足元がおぼつかなくなってきた自分が、この先何年も繁殖を繰り返すはずの若い犬を受け持つ自信もなかった。春子ひとりをあてにするにも、彼女自身もすでに古希を過ぎている。しかし彼女も「また、あのかわいい子犬たちの顔が見たいわ…」とつぶやいたり、「まだ大丈夫よ」と、私以上に未練があるようだ。

結局私も、差し当たり適当な人がおらず、私たちで良ければ、と引き受けることにした。多少の不安はあるが、それ以上に、繁殖を続けることで夫婦二人の老化を遅らせたいという虫のいい計算もあったし、白寿の母の介護が欠かせなくなってきた日々の中にあって、一時的でも犬の育児に追われるのは、われわれ夫婦の息抜きにもなるのだ。

こうして、交配を終えたマライヤが九月三日に協会から戻ってきた。マチルダも別段の反応もなく、当然のように彼女を迎えた。

まだ出血が残るマライヤはその後二、三日はサンルームに隔離していたが、ジェードやその子犬たちもいなくなり、老いたマチルダだけになったのがふに落ちないのか、しばらくクンクン鳴いていた。やがてそれも収まりふたたびもとのわが家の犬になったのである。また、ミミとは旧知の間柄だし、年上のミミと若いマライヤも、お互いの年令に応じた序列が判《わか》るらしく、最年長のマチルダ以下の犬猫三匹が仲良く勝手に暮らしていた。

その中でも、年をとって全身の緩みや動作の衰えが目立つマチルダとは対照的に、子鹿のバンビのようにキリッと引き締まったマライヤの再登場は、たちまちわが家の日常に活気をもたらした。そしてそれからは、マライヤの処女作誕生を目指すことで、ジェードの遺作を送り出した後の釈然としない気分から解放されていったのである。

未経産の若い犬の繁殖は、盲導犬の飼育奉仕に参加する前のコリー以来三十年ぶりになる。それだけに、私は初めてお産をする孫を見守るように意気込んでいた。

しかし、気持ちはあっても寄る年波で、私の足腰の衰えは進む一方、老若二匹の犬を一緒に連れ歩くのも不安定で仕方がない。

また、若いマライヤが老人と老犬の歩調に合わせようと努めるのが、かわいそうだし好ましくもないので、私はマチルダとブラブラ歩き、マライヤは春子がテニスに行くついでに往復三キロほどの距離を自転車で走らせることにした。マライヤも大喜びで、ヒタヒタと自転車の横に並んで離れない。もともと盲導犬の訓練を受けているので、引き綱もいらないくらいに、顔を上げて緩急自在について走る姿は見事なものだった。そしてコートでも、けなげに待機している姿はメンバーの人気を集めていたようだ。

やがて秋になり、その秋も深まるにつれ、マライヤの乳首が膨らみ始め、妊娠は確実になった。予定日は十一月のはじめ、その半月前には腹も大きくなり、一日一食だった餌も二回に分けて給与してゆく。やることはいつもどおりだが、妊娠の経過を特に念入りに見ていた。

もともと締まった細身の体だから、大きな腹はとにかく目立つし、食欲も落ちてくる。予定日近くになっても出産の兆候は現れず、床に置いた餌を頭を下げて食べるのも苦しそうで、食器を口にあてがうと仕方なしに食べるありさまだから、胎児の数が多くて大変な重荷になっていることは明らかだった。

予定日は、早ければ十一月の二日。その前の日には、胎動を感ずるように、ときどきじっと遠くを見るような様子も見られた。しかしそのまま産気づく気配は全くなく、次の日も大きな腹を持て余して、まるで魚河岸のまぐろのように横たわったまま動かない。

胎児の数が多ければお産が早まるのが普通だから、私は心配になって心当たりの獣医や繁殖のベテランに電話で相談したが、陣痛促進剤の使用だけは危険だからやめたほうがいいというだけで、現場の当事者ではないから無理もないが、あまり参考にはならない。結局自分の気休めのために電話をしているようなものだった。

予定日当日もあまり変化はなく、私は軽い運動で子宮を刺激しようと、マチルダと一緒に近くのポストまで連れていったり、マッサージをしながら様子を見ていた。

ようやく産気づいたのはさらに三日後の五日だった。産室の隣に寝ていた私は、ふと明け方に目が覚め、気が付いたらマライヤが産箱の中で排糞や排尿をしている。その後始末をしているうちにようやく陣痛がはじまり、六時ごろに仮死状態で第一子が出てきた。ずいぶん大きい子だったが、春子が必死にマッサージしたり、軽くたたいて刺激するうちに、ピクリと動いたと思ったら、目を閉じたまま小さな口をあけてかぼそい産声を上げた。この子が産道をふさいでいたらしく、その後は順調に十一時までに七匹産んで一段落したが、まだ残っているはずだと思い、陣痛促進と子宮の修復をかねてアトニンを注射してからいったんプールに出かけた。しかしプールでも落ち着けず、普段の半分ほどで切り上げて帰宅したが、その間に三匹生まれて全部で十頭、牝雄五匹ずつがそろっていた。

親の体格に比べて子犬は大きく、ジェードの最後の子たちの倍近い四百グラム以上もある。これが十四も入っていたのだから、お産が大変なはずだが、疲れきったのかマライヤは新生児の世話もろくにできず、臍帯や体胞の始末は春子任せというありさまだった。

食欲もなく、いつも出産後に飲ませる蜂蜜入りの牛乳も見向きもしない。しかし、そんな状態でも乳を飲ませることはできるようで、翌朝には横たわった母親の乳首に、全部の乳児が折り重なって吸い付いていた。

こうして、一日二日たつうちにやがて餌も食べ始め、この若犬もなんとか母親らしくなり、やがて母親そのものになった。

（三）

子犬の目が明き始めた十一月の十八日は私たちの金婚式の日で、子どもたちがナイキのスポーツウェアをプレゼントしてくれた。早速それを着て、二人で持てるだけの子犬を手分けして膝の上に乗せ、ソファに並んだ写真を撮ってもらった。

結婚したのは一九五一年（昭和二六年）で、新居は荒川上流の折原村上郷という、隣のお寺のほかはわらぶき屋根の農家が桑畑や杉木立の間に点在する…そんな山里にある一軒屋だった。家の前には釜伏山の山並みが連なり、西の空から村人たちの営みを見守りながら、その奥の秩父の山々に続いていた。

私の仕事は乳牛会社の原料乳を調達する部門の獣医だった。戦後の食糧難のため、農政は米の増産に追われて畜産や野菜園芸などは二の次だったし、農家も今のような大規模な牧場などではなく、零細な兼業農家ばかりで何かと世話が焼けたから、主な乳業会社は農家の指導やサービス診療のために、獣医畜産の技術者を配置して自力で原料を確保する必要があったのである。私の職場はいわば会社の戦後の復興を担う重要な部門だった。

新居は会社の借り上げ住宅で、東京の女医さんが疎開を兼ねた診療所として建てたらしく、診療室だった板敷きの洋間の他は和室が二間だけで、奥の土間にはかまどや五衛門風呂があった。裏のやぶの下は長瀞の下流になる荒川の河原で、寄居の玉淀の名勝に続いていた。勤務先の工場はこの玉淀の桜並木に面していたが、私は遠回りになる本来の経路を嫌って多くの村人たちにならい、家のすぐ脇を通る八高線がこの河原をまたぐ鉄橋の、踏み板の上を自転車に乗って通勤した。春子はここを通って寄居に出るのが怖かったという。

ガスや水道はなく、水は隣の寺の境内の湧き水まで、崖を覆う藪の中の狭い道を、バケツを下げて往復した。その湧き水の流し場で洗濯したたし、炊事は七輪と電気コンロという時代だった。

この四季折々の自然の他には、行商の魚屋、豆腐屋、それに夏は旗を立てたアイスキャンディー売りが鐘を鳴らしながら自転車で回ってくるだけという山村の生活に、いきなり直面した東京生まれの春子がよく辛抱したものだと思うが、まだ戦後の物がなくて当たり前という時代だったし、女学校時代にYMCAのキャンプに参加した体験も役に立って耐えられたのだろう。

半年ほどたってここに住み慣れたころ、往診先の農家でビーグルタイプの雑種でいかにも「村の犬」らしい母犬が子犬を五、六匹抱えているのを見て衝動的に欲しくなり、そのうちの雄と雌の子犬二匹をみかん箱に入れ、オートバイの荷台に積んでもらってきた。それぞれクマとポコと名付けて、ただかわいいかわいいとおもちゃにしていただけだったが、世話も焼けず、結婚して初めて飼った犬だけに、あの山里暮らしの思い出には欠かせない存在だ。

この家で、私は初めて春子に胎動を告げられた。月の明るい八月の宵で、玉淀の花火大会があるのか、庭の前の黒々とした杉木立の奥から遠花火の音が涼しい夜風に乗ってきた。

仕事がら牛の胎動は見慣れているが、私はこのときほど厳粛な感動に打たれたことはない。思えば、縁側に並んで月見をしながら、「あ、動いている、動いている」と胎動に目を細めていた彼女の黒髪も、さすがにずいぶん白髪が目立つようになったが、以来半世紀に及ぶわが家の歩みがこの山里でスタートしたのだった。

十一月の末、春子の大森の実家で長女の絢子が生まれた。翌年二月、担当地区が変わって県北の児玉町に移ることになり、二匹の犬はいったん東京の親戚や寄居の知人に引き取ってもらったが、そのうち児玉に落ち着くと性懲りもなくまた犬を飼った。春子の従兄が児玉の川向こうの群馬藤岡にいて、知人のいる神津牧場からボーダーコリーの子犬を連れてきたのである。トライカラー（黒白）で気品のある利口な犬だったが、その年の暮れに突然北海道に転勤することになった。辞令を受けた当人が酷寒の任地に尻込みして断ったため、本社に対する工場側の立場もあって代役を引き受けたのだ。そのため私は、この埼玉工場では乳牛の獣医として二年ばかり勤務しただけで、北海道十勝の浦幌に新設された工場へ、正月が明けて早々、一足先に赴任することになったのである。ベルと名づけたコリーの幼犬は、若くして未亡人になった葉山の叔母が引き取り、ふたりの幼い遺児ともどもかわいがって育ててくれることになった。

正月が明けて早々、不安と期待こもごもの気持ちで初めて見る津軽海峡を渡り、満目荒涼たる蝦夷の大地を行く感慨に浸りながら、やっと広大な十勝平野の一隅に位置する浦幌にたどり着いた。そして、この広大な白一色の真冬の十勝の大地が、芽吹き始めた木々の緑に沸き立つ五月になって家族を迎えた。ここで五年間を過ごし、続いて群馬の前橋からその次の富山の高岡に移るまでの九年間ほどは、犬とは縁のない時期になるが、その間に一男二女の家族の顔ぶれがそろい、それぞれ育っていったのである。

浦幌では長男の洋一郎と次女の雅子が生まれたほか、昭和三十一年には私が山岳酪農視察という触れ込みで、会社から半年あまりスイスに派遣される幸運に恵まれた一方、その翌々年次女の雅子が生まれて間もなく、洋一郎が当時大流行したポリオ（脊髄性小児麻痺）にかかり、右下肢の歩行障害による身体障害者になるという悲運もあった。生ワクチンが登場する直前だった。


絢子が就学した直後の五月に前橋に転任になり、ここで洋一郎が、そして次の高岡では雅子がそれぞれ就学という案配で、小学校を絢子は四回、下の二人は五回も変わっている。もっとも、私自身も父の転任のためベルリンで就学し、帰国してからは東京市内で小学校を三回転校しているが、子どもたちにはこれがハンデキャップにならずにすんだのは、どこに移り暮らしても、黙々と私を支えてきてくれた春子のおかげだと感謝している。

また、この高岡時代には、土地の人も初めてというわゆる「三八豪雪」の災害に遇う一方、その最中にアックという、まるで芥川龍之介の『河童』に登場するような名前のコリーの子犬が、不思議な因縁から家族の一員に加わった。次の会津若松時代にはアックとその娘のアガーテを繁殖し、今の鵠沼に落ち着いたときにはアガーテの娘のチャコも加えた親子三代のコリーがそろい、以来さまざまな犬たちが家族の心を豊かにしてきたし、この経験が後日盲導犬の繁殖に携わってから生かされてきた。

しかし、今では大きな犬も飼うのもそろそろ限界になり、子どもたちも上から次々に銀婚式を迎える年配になった…。

（四）

翌年二〇〇二年十月末の二産めには、マライヤは八匹の子どもを生み、その年末には母が百歳になった。当時の小泉総理や藤沢市長の表彰状や記念品をいただいたが、このめでたい日を迎えた母に、目が開いたばかりの子犬を一匹抱かせてソファに座らせ、

「ゼロ歳と百歳のカップルだね」

といいながら記念写真を撮ったが、その少しはにかんだような笑顔が、私が母を写した最後の写真になった。


翌年の二〇〇三年は七月下旬に交配したので、次は九月末になる見込みだった。その妊娠の兆候が見え始めた八月のお盆のある日、朝食のテーブルに着いた私の腰に突然激痛が走った。ギックリ腰かと思ったが、痛みは左足に移り、いわゆるこむら返りのように左足の筋肉がつったまま絞り上げられる痛みとなり、手持ちの湿布、座薬や錠剤などとあらゆる鎮痛剤を試みた

が全然効かない。あいにくお盆休みでどこのクリニックも閉まっている。お盆の最中に救急車を呼ぶのはご近所への気兼ねもあって我慢していたが、じっとしていても動かしてもまったく変わりない痛みに、脂汗を垂らして耐えながら、ただ時間がたつのを待つほかはなかった。カニのように簡単に左足をもぎ取ってしまいたいとさえ思った。そしてマライヤの出産までに治るかどうか、そればかり考えていた。

お盆が明けてすぐ受診できた病院では即刻入院となり、ＭＲＩで調べたところ脊柱管狭窄症と判りペインクリニックの処置を受けたが、「もっと若ければ手術で治るのだが」と言われ、私の一縷《いちる》の望みはむなしくなった。痛みは次第に和らぎ、月末になって何とか退院できたが、とても歩ける状態ではない。一ヵ月後になるマライヤの出産には間に合いそうもないし、早めに出産の環境に慣らす必要があるので、会社の同僚で中途退社して郷里で動物病院を開業している金谷君にバトンタッチすることにした。

九月四日、はるばる茨城県の藤代から、見舞いかたがた金谷君が車でマライヤを引き取りにきてくれた。会津若松にいたとき、新入社員であいさつに来た彼を、当時飼い始めたコリーが飛びついて歓迎して以来、お互いに転勤のために別離と再会を重ねてきたから、「おい、頼むよ」で用が足りる仲である。

それに藤代町はマライヤの生まれ育った霞ヶ浦湖畔にも近い上に、金谷君の病院は利根川べりの一面の水田に囲まれ、遮るもののない陽光と、四季折々の方角からの豊かな風にも恵まれている。その上、わが家と違って若い女性のスタッフもいるようだし、働き盛りの年ごろになるマライヤにとっては理想的な環境なのだ。私は寂しさを感ずることなく、祈りと祝福を込めて彼女を見送ることができたのだった。

九月二十七日、八頭生まれた。全部雄だったとの知らせがあった。しかし、好評だった初産のときと同じ雄を交配したから、雄ばかりでも心配ないとのことだった。

結局マライヤは、わが家に二年半ばかりいた間に二回半の出産をしたことになるが、四年で七回のジェードに比べてずいぶん開きがあるのは、マライヤは十一ヶ月、ジェードは年二回という出産間隔の長短によるものだ。

いずれにせよ、最後は金谷君のリリーフを受ける形で、いわゆる第二の人生を支えてきた盲導犬の繁殖支援の仕事から私は引退し、スタンドに移ってグランドのプレイに声援を送る立場になったのである。

そしてわが家には、若く輝く存在は皆無になり、春子は母の介護に重点が移り、私は老犬マチルダとお互いの老化を慰め合う毎日が始まるのだった。

（二〇〇六年　十月）

終章

―犬たちへのレクイエム―

プロフィール
2003年（平成15年）現在～
2006年（平成18年）頃

井上震太郎さん	80歳
妻・春子さん	73歳
長女・絢子さん	51歳
長男・洋一郎さん	47歳
次女・雅子さん	45歳

当時いた犬

マチルダ：

繁殖のためにアメリカから連れてきたラブラドールレトリーバーの雌犬。1990年生まれ。1993年12月、3歳のときに井上さん宅に来る。2003年現在13歳。

マライヤ：

2001年2月、アイメイト協会から委託された繁殖犬。盲導犬として訓練途中だったが、避妊手術をしていなかったので、不足していた繁殖犬に転じた。2003年現在3歳。

井上さんの長男が飼っていた、ラブラドールレトリーバー「モモ」の子、「バナナ」が子犬を産んだ。前章でも述べたように、バナナは鎌倉在住の知人、木村さんに引き取られて、すくすくと順調に育っていた。木村さんは当初から交配したいという希望があり、念願かなって、バナナが出産したというわけだ。このバナナの子たちが、ひょんなことから、あの「盲導犬クイール」（ＮＨＫ連続ドラマ）に出演することになった。それがきっかけとなって、なんとマチルダまでもが、盲導犬をリタイヤしたクイールの晩年を「女優」として演じることになったのである。

女優としての華々しい活躍は、マチルダにとって最後の大仕事となった。役柄同様、実生活でも徐々に衰えをみせはじめたマチルダ。井上さんは、老いていくマチルダの姿に、母親や自分の姿を重ねて見るようになっていた。時間の流れの中で、母親、そしてマチルダの最期のときを相次いで迎えた井上さんだったが、不思議と落ち込むような気持ちにはならなかったという。それどころか、お世話になった方たちの顔やマチルダの出産や日々の生活などが思い出され、幅広い友誼や感謝などの気持ちがもたらされたと述懐している。

マライヤの繁殖ボランティアの仕事も卒業し、多少の寂しさを感じながらも、半世紀ぶりに始まろうとしている夫婦水入らずの生活に、井上さんは、また新たな不安と期待を寄せているところである。

（一）

マライヤをまだ預かっていた二〇〇三年（平成十四年）の五月に、十三歳になって間もないマチルダが偶然NHKのテレビドラマに出演することになった。

二年前に鎌倉の木村さんが引き受けてくださったバナナは順調に育っていて、木村さんは一度子どもを産ませてみたいと交配された。そして生まれた子犬たちがたまたまモデルを探していたNHK関係者の目に留まり、毎週月曜夜の連続ドラマに登場することになったのがきっかけである。このドラマは、ある家庭で生まれた子犬のうちの一匹が、クイールという盲導犬になってけなげな一生を過ごすという内容で、幼犬から成犬、そして老犬と順々に交代してゆくクイール役のアンカーとしてマチルダが選ばれたのだ。

実は、事前に木村さんを通じてNHKから適当な老犬はいないかとの照会があり、早速その翌日の昼過ぎに来宅された女性スタッフの小松さんに、近所のアレックスという十四歳の老犬を紹介したところ、この犬は茶色がかった濃いイエローなのでそれまでのクイール役の犬とは色が違う、むしろマチルダをお借りできないかという。毛の色もさることながら、一つ年上だがまだ活発なアレックスに比べ、マチルダには穏やかに余生を送る風情があり、適役だろうと私も思った。

小松さんは犬に慣れているようだし、局では専属トレーナーに管理させるので心配ないという。私も異存なくお任せすることにし、マチルダはまだ明るいうちに小松さんの運転するワゴン車に素直の乗り込み、のんびりと連れて行かれた。

やがて五月の長いたそがれが始まり、そして日が暮れてしまうと、当初は予想もしなかったマチルダのテレビ出演が、思わぬ成り行きから随分あっけなく決まってしまったことに気が付いた。普段はわが家の隠居暮らししか知らないマチルダが、生き馬の目を抜くような大都会の、しかも時代の先端をいくテレビ収録という世界でどうしているかなどと、まるで初めての修学旅行に子どもを送り出したような気分で、心なしかしょぼんとしているマライヤを横目に見ながら老母も交えた夕食をすませた。

それにしても、当時はこの単なるハプニングに過ぎなかったことが、今ではわが家の歴史の一コマになっていることに気が付き、我々の一生も世の中の歩みもこのような偶然の連鎖で流れてゆくのか、などと大げさなことを考えたりするのだ。

翌日早速小松さんから、「万事順調、マチルダは出演の女優さんや現場のスタッフたちの人気者になっています」と電話があり、私たちは安心したり想像を膨らませたりしていた。

十日ほどたったある日の午後、三浦海岸での最終回の収録を終えたマチルダを返しに、チーフディレクターの岡崎さんと小松さんが来宅され、マチルダのおかげで会心のシーンが撮れたと喜んでおられた。岡崎さんは多くの話題作を手がけている方だと、同じドラマ部門にいた従弟からすでに聞いていていたが、収録期間中も、マチルダは制作チームの人たちにかわいがられていたらしい。

また、クイールには生まれたときから胴体の左側に奇妙な斑紋《はんもん》があったという設定から、撮影中のメーキャップのままだったマチルダには、同じ場所に黒い鍵形の目印が残っていた。「白髪染めで描いたので、そのうち消えます」とのことだった。そしてその翌日から、マライヤは春子のテニス行きのお供、マチルダは私とのんびりと近所の散歩、という毎日が再開されたのである。

六月の中旬、生まれたばかりのバナナの子犬が乳を飲んでいる場面からこのドラマが始まった。その中の一匹だけ妙な斑紋があること以外は私たちには見慣れた光景だが、その不思議な斑紋のある犬をめぐるさまざまな感動的なエピソードを織り込んでドラマが展開する…。そんな話が七月の下旬に「クイール引退」の最終回を迎え、いよいよマチルダの出番である。私たちは「演技」する俳優に混じって、普段のままのマチルダがのっそりと現れたので、「あ、出てきた、出てきた」と笑ったりホッとしたりした。それでも多くの視聴者には、穏やかに年老いたマチルダの姿は、この「感動物語」の終幕、クイールのけなげな一生の終わりも近づいたという、誰もが一番胸を熱くする場面を盛り上げるには十分だったし、その後間もなくこの犬が永眠するという結末をナレーションだけで淡々と伝えた手法も、余韻があってさすがだと思った。

また、帰宅した翌日さっそくシャンプーしたあと何度も洗っているが、散歩の途中で印を見た人が、「テレビに出た犬ですね」と話しかけてきたから、あの跡は番組が終わっても、秋口ごろまでは残っていたようだ。そしてこのテレビ出演が、マチルダの生涯で最後のお仕事になったのである。

（二）

クイール印の名残が薄れてゆくにつれて、マチルダの老化も進みはじめた。買い物の店先で持たせたり、ベンチで一休みするときにも、必ず犬座姿勢、いわゆる「おすわり」をしていたのだが、いかにも、やれやれ、という様子ですぐ寝そべってしまう。

同時に、一年前に百歳を越えた母の老衰も目立つようになり、この年の八月からは週二回、介護のヘルパーを頼むようになった。

母は卒寿を過ぎても達者で、朝と昼の食事は自分で作り、夕食だけは私たちの部屋に来て三人で食べていた。その間、気が向けば身内や古くからの知人に電話をかけたり、生まれたばかりの私の曽孫、母には玄孫のケープを編んだりしていたが、電話の相手も次第に減り、特に、ほとんど毎日来ては思い出話の相手をしたり、車の運転ができるので美容院に連れて行ってもらうなどと、一番頼りにしていた近所にいる妹が、体調を崩して来られなくなってからは、心身の衰えが急に目立ってきた。朝六時ごろ、春子が紙おむつの取り替えなどの世話をしてから、夜は弟の未亡人で隣に住む和子さんが十時ごろに来て寝る支度を済ませる。その間、一日の大半は夢うつつのうつろな表情で、いかにも自分の長寿をもてあましながら途方に暮れているようにベッドに横たわっていた。時間の観念もなくなり、朝と夕方を間違えたりすることも珍しくない。

しかもその寝顔は、まるで脱け殻のようにやせ細り、かすかな呼吸の気配に安心しながらも、私はつくづく人並み外れた長寿の痛ましさを思わざるを得なかった。

それでも、子どものころを思い出すのか、盛岡の幼稚園や日曜学校で習った幼児向けの賛美歌を、ヘルパーと一緒に歌っているのが、母の部屋から聞こえてくることもあった。ヘルパーのSさんは、母と同じ霊南坂教会の信者だったのである。

若いころから、人を憎まず、妬まずという性格で、多くの人々から愛されてきた母は、完全に寝たきりになっても、ボヤいたり悲観するわけでもなく、わがままで困るようなこともなかった。夢うつつの日々がただ重なってゆくだけだった。

顧みるとマチルダも、居間のソファを占領してまどろんでいたり、芝生で日なたぼっこをしながらも、何を感じてか突然ヒュンと一声鳴いただけでまた眠ってしまうようなことが多くなったが、これも母親の夢うつつの境地に似てきた証拠だったのだろうか。

犬の年令を、人間なら何歳ぐらい？とよく聞かれるが、大ざっぱな見当では、十三歳のマチルダは八十歳前後のはずだろう。それが百歳になる母と変わらないほど老いを早め、犬らしい緊張を失った大きな原因は、四回も受けた開腹手術だろうかなどと推察されるが、これもめぐり合わせとして納得するほかはない。

実は、初産で九頭、二産目は十二頭と多産ぶりを示したマチルダは、その次の三産目のとき原因不明の出血があり、応急処置で帝王切開を受けた。九匹の胎児はよくそろっていたが、平均七週間の妊娠期間の犬では、二週間も早い胎児を助けるのは無理だった。もう少したっていれば育てられただろうが…。

初産、二産の子どもたちはすでに盲導犬になって避妊処置を済ませており、跡継ぎになる繁殖犬はまだいない。そのため、なんとか跡継ぎを残せないかと散々迷った揚げ句、協会の関係者とも相談した上で次の交配に踏み切り、その後二回も帝王切開で出産させ、それぞれ五頭と六頭の子犬を得たが、その中から彼女の血統は残せないままに終わった。一度帝王切開をすると、その後は正常分娩は難しい恐れがあり二度も繰り返したのだが、手術の当日から麻酔がさめれば普段と変わりなく乳を飲ませたし、その後もいつも通りの子育てをして、貴重な盲導犬も供給できたから、いまさら後悔することでもないだろう。おまけにマチルダは、会社の同僚で隣町で開業している獣医に連れてゆく車にも（私も獣医の資格はあるが、犬猫の診療実績はないので、手術や医療品などは彼の世話になっていたのである）いつも嬉しそうに乗り込んでいたのだ…。

だが、いくら獣医のところへ喜んで行くといっても、いや、それだけに何回も開腹手術の負担をかけたのはさすがにかわいそうだったと思う。

一九九七年の春からはジェードも加わり、年末にはマチルダの最後の六頭に続いてジェードが十頭を産んで、ことさらに忙しい年末年始を過ごした。これをきっかけに、わが家で担当する繁殖犬はマチルダからジェードに引き継がれ、さらに四年後には若いマライヤも加わったが、テレビに出演した当時のマチルダは、もっぱら一家の中にほのぼのとした安らぎを保つ存在となり、私たちは白髪が目立ってきた彼女の顔を、お前も年をとってきたなあ、と眺めていればよかったのだった。

だが、母やマチルダだけでなく、私自身も年相応に老化が進みつつあり、この年の八月に突然、足腰が激しい痛みに襲われて入院するなどと、さすがに決断を迫られることになり、間近に迫ったマライヤの三度目の出産を、会社の後輩の金谷君に託したことはすでに紹介したとおりである。

その後、私たちも完全に繁殖の現場から引退し、マチルダの世話と母の介護に専念していたが、同時に、私までが春子の手を煩わすことも多くなった。

腰痛後退院した私は、意外に早く自転車や車には乗れるようになったものの、自分の足で歩くには体重の負担が多すぎた。その衰えを何とか食い止めようと、夕刊を買いに最寄りの駅までマチルダを連れて往復することにした。若いころは五分ほどの距離だったが、よろよろと歩くのがやっとで倍以上もかかる…これをマチルダが歩ける速さに合わせて、のっしのっしと毎日歩数を数えながら、縮んだ歩幅を広げて脚力の衰えを取り戻すことを目指した。

おかげで半月ほどで確実に歩幅が伸びて、自信や達成感も味わえたものの、マチルダにとっては体力の消耗を上回る散歩の喜びがあったとは思えない。また、彼女の足腰の衰えを多少でも遅らせることができたのか、あるいは逆に早めたのかどうかそれすらも分からず、「老い」を正確に捉えることは、犬に対しても人と同じで難しかった。

これがどれほど続いたか、やがてマチルダの白内障も進み、耳も遠くなって、連れ歩くのは無理になった。

その後私は、通院やプールの往復、買い物などには極力自転車を使い、自分の行動範囲の維持に努めることにしたのである。

（三）

二〇〇四年六月十六日、母が永眠した。明治三十五年（一九〇二年）生まれの母は、あと半年で一〇二歳になるはずだった。八十を過ぎてから白内障の手術を受けたほかには、医者にかかるほどの病気もないのがかえって気になるほどで、最後の一年ばかりは寝たきりのまま、家族やヘルパーの介護を受け、ろうそくの灯が消えるように息を引き取った。

若いころはむしろ蒲柳の質だったと聞いている母を見守りながら、私は肉体的な要件とは別の次元で天与の生命力があるのかと思わざるを得なかった。そしてそれが尽きつつあれば、いかなる人為的な措置も無意味で、すべてを神の手にゆだねるだけだ…。そんな気持ちの明け暮れを重ねた揚げ句に、私たちは母の昇天を見送ったのである。

葬儀には、二年前の一〇〇歳の誕生日に写した写真を飾った。当時いたマライヤが産んだ八匹の子犬のうちの一匹を、いすに腰掛けた膝の上に抱いている写真だ。モデルを意識しているのか、子どものようにちょっとはにかんでいるのが悪くなかった。

だが、これほどの長寿を見送ると、喪主の私も八十歳を越えており、長距離競争でいえば、先行するランナーの姿が消えた途端に、自分が先頭でゴールが意外に近いことに気が付いた。そして、その前にマチルダに先立たれるだろうということも、ふと頭に浮かんだ。

しかし、マチルダより先に、母の昇天後一月足らずで、思いがけなくマチルダがかわいがっていたミミが死んでしまった。腹囲が膨らんで何となく元気がないので診てもらったところ、猫によくある慢性腎不全という不治の病で、利尿剤の投与などで様子を見るうちに、あっという間に死んだのだ。いわゆる猫のエイズを防ぐために、戸外には出さないように気を付けるなど、今までいた猫のうちでも特に大事に飼っていたのだが、何ともあっけない最期だった。まだ八歳だった。

ミミの遺体は庭の一隅に埋葬した。その上に真っ白なグラジオラスの球根を植えたが、これが毎年ミミの命日のころには見事な花をつけてくれる。

マチルダがこの異変を察知した気配は全くなかったが、視力や嗅覚などの五感の鈍化に加えて、感情面の反応も見られなくなっていた。いつごろまでしっぽを振ってくれたのかも、今では思い出せない。

以来、その後ほぼ一年の間の日記には、マチルダが着々と老いつつあることや、私自身の体調不良、例えばマチルダのシャンプーや芝刈りなどの力仕事は全部春子に依存し、階段の昇降にも難儀する、などと情けないことばかりが書いてある。入院したときのダメージがあまりにも大きく、歩けるようになったといっても、自転車から降りれば何もできないといったありさまだ。その上、母の葬儀の後始末、相続の手続き、その他の雑用が重なり、読み返しても嫌になるようなあの当時では、マチルダの世話をするのがむしろ気晴らしになっていたようだ。

母の存命中からマチルダは、朝のまだ暗いうちからヒュンヒュン鳴いて、トイレの催促をするようになっていたが、眠い最中に起こされて階下に降り、庭に出してやるのも春子の負担になった。おまけに家のなかで粗相をするようになった。尿意は知らせるが排便の感覚がなくなるのか、粗相といってもサトイモのようにコロコロと転がっているだけで、部屋が汚れることもなく、「おいおい、またやられたぞ」と、苦笑しながら片付けるのである。

さらに、マチルダの最後のクリスマスの日記には、「その知らぬ顔をして、何と食堂の床に千島列島のように並んだ〝サトイモ〟を我々にプレゼントしてくれた……!」などと書いてある。

そのほか、大みそかの夜、二人だけの簡単な正月の支度を終えた春子に、私は彼女の労に報いるつもりで、以前書いた「十二匹の天使たち」という一文を寝る前に読んでやったこともメモしてある。これはマチルダを迎えて初めてのクリスマスイブに、十二匹の子犬を産んだときの話を仲間の会報に載せたものだが、私が春子にしてやれることはこんなことぐらいだった。春子大喜び、とも書いてある。

それにしてもマチルダは、最初と最後のクリスマスに、何とも忘れ難いプレゼントをくれたものだ…。

年が明けたころから、マチルダの足腰の状態、特に後肢の衰えが進み、自力で立つことが難しくなった。腰紐をつり上げて立たせれば歩けるので、トイレの訴えがあれば庭に出してやれたが、ただ水が飲みたいだけのこともあり、手探りの対応に振り回される日々が続いた。そしてマチルダの状態や自分の体調の好不調に、毎日一喜一憂している。

そのうち寝たきりになったマチルダは、居間の一隅をサークルで仕切り紙おむつを当てていたが、ある朝マチルダがはい出していたのを見て、自力でここまで動けたのかとむしろ喜んだりしている。そのほか、おぼれる者のわらのように、ステロイドの注射や中国鍼まで試みた。その都度、多少の効果はあったが、希望や期待が持てるわけではなく、単なる気休めにすぎなかった。そしてこのように、何をするにしても、母の場合と同様に、次第に衰えてゆく姿を祈りを込めて見守っているほかはなかったのである。

視力、聴力はおろか、排せつの意識も薄れ、食欲もあいまいになり、やがて餌入れから食べることもできなくなった。そのためサークルから出して食堂の脇にシートや新聞紙、ぼろ布を敷いて寝床をつくり、経口投与に切り替えた。そして母の晩年に使っていたコンデンスミルクのような経口栄養食を、誤嚥しないように食道がごくりと動くのを確認しながら流し込んでいた。リンゲルの点滴の代わりに市販のスポーツドリンクも飲ませたが、そのままほおの脇からこぼれてしまうこともあり、その都度祈るような気持ちで食道がわずかに波打つのに目を凝らしていた。汚れ物の始末もきりがないが、マチルダからもらった計り知れない喜びや慰めに報いるためには、無駄だと分かりながらも自分たちの労苦はいとわずに介護してやるしかない、というのが当時の心境だった。

そして五月四日、マチルダ永眠。朝六時にいつも通りに階下に下りた春子から、

「パパ、駄目らしいわよ」

と呼ばれてゆくと、まだ体温は少し残っているが、心音も呼吸も完全に止まっている。そして、昨日までじっと声もたてずに苦しみに耐えていた表情が、やせこけたもののうそのように安らかになり、みんなの人気者だったころの穏やかな顔に戻っている。

…だがその顔は目を閉じたまま動かないのだった。

寝たきりの間も、時々風呂場に運び込んでシャワーで洗っていたから、遺体は汚れていない。新しく取り替えた敷物の上に横たえた後、春子はさっそく庭からパンジーやアネモネなどを取ってきて枕元に供えた。マチルダのゴールが見えてきたころからお世話になっている山本先生にも、真っ先にご連絡して事後の処理を伺ったが、地区の獣医師会の通例に従って市の焼却炉で火葬にしてもらうことにした。ただあいにく連休中で三日後の七日までは待たされることになったが、茅ヶ崎の長女が仕事の機材を運んだ細長いダンボールの空き箱を届けてくれたので、ドライアイスを入れてこれに遺体を収めた。

おかげでその間、毎週一回わが家の犬猫たちと遊ぶのを楽しみに御用聞きにくる酒屋の娘さんや、プールのお仲間でいつもマチルダをかわいがってくださった富田さん、スザンナやヨセフ、ロメオなどマチルダの子の飼育奉仕をしてくださった辻堂の相澤さんご夫妻などがお別れ

に来られて、それぞれ心のこもった花束を供えてくださったし、供花は鎌倉や逗子、東京など伝え聞いたマチルダファンの方々からも送られてきた。

七日の朝九時に山本先生ご自身が遺体を取りに来られ、昼過ぎにはあらかじめお願いしていた通り遺骨を二つの立派な骨壺《こつつぼ》に分けて届けてくださった。一つは協会あて、もう一つはわが家のものである。

遺骨は五月の下旬に協会にお届けしたが、七月のアイメイトの合同供養の折に、府中にある動物霊園の慈恵院に納骨、合祀された。

その後、お見舞いやお悔やみを頂いたり、かねがねマチルダを愛してくださっていた方々に、傾いた秋の西日を受けて芝生に休んでいるマチルダの写真を添えて、早速お礼状を出した。クイール出演後間もないころの、まだ華やぎをまといながら年老いた大女優のような彼女の姿を、あらかじめ用意してあったのである。

咲き乱れるコスモスをバックにこちらを向いている彼女は、今にもヒュンという声を上げて甘えてきそうな表情をしている。

こうして、長年わが子や犬の子育て、老母や老犬の介護といった対象のあった生活から解放された私たちは、結婚以来半世紀を経て完全に二人きりになり、改めてお互いの存在を直視しながら、平凡な老後を過ごすことになったのである。

また、私たちはいわゆるペットロスなるものに陥ることはなかった。単なるペットではなかったマチルダから誕生した多くの新しい生命を通じてもたらされた、幅広い友誼《ゆうぎ》や感謝、感動などの恩恵によるのだろう。

（四）

この長年の恩恵に対するお礼の意味で、私はこの年の十月のアイメイトデーの機会に、以前私が作詞作曲し手書きで作った「アイメイト讃歌」をきちんと印刷して、マチルダの供養として協会や後援会の方々に差し上げようと思いついた。この歌を作ったのは腎臓癌の手術の直後で、やはり、自分のゴールは近づいたか、という懸念からだった。もしかするともう犬も飼えなくなり、協会のお手伝いもできなくなる…とすれば、自分が多少でも協会のためにできることを残しておきたい、というつもりで生まれた「讃歌」だったのだ。みんなで歌う応援歌である。

幸いに予後順調で、今までは再発の恐れはまったくないが、塩屋先生のご配慮で、退院後まもなく新しく輸入されたマチルダを受け持つことになり、彼女のおかげで術後の体力を取り戻すことができ、その感謝を込めた供養です…そんな後書きを付記した改訂版を作ってお配りしたのである。

アイメイトデーは協会主催の記念行事で、毎年十月に東京で行われるが、後援会と同窓会が一堂に会して交流を深める機会でもある。同窓会というのは、この協会の訓練を経て卒業した使用者の連絡団体だが、会報の代わりに「ひろば」という録音テープを回覧している。そのテーマソングに、この「讃歌」のメロディーが使われているのも嬉しい。

また使用者には、遠くは鹿児島など全国から参加する方もおり、かつての「わが家」の犬に会えるのを楽しみにしている後援会員も少なくない。繁殖を担当しているだけに、私は人一倍、その喜びを味わえる。

そして、この日、休憩中に多くの知己や犬に会って歓談していると、何とその会場にマチルダが現れた！と思うほどそっくりな犬に会って愕然《がくぜん》とした。顔だけではなく、からだ全体の雰囲気が瓜二つどころか、マチルダそのものといってよいほどで、名前を調べたらやはりマチルダ最後の六頭のうちの一頭だった。

…そしてその瞬間、私はこんなこともあるのかと、つくづく創造主に対する畏怖とでもいうべき、何とも言い難い敬虔《けいけん》な感動に包まれた。

参加していた相澤さんにも見ていただいたが、彼も「あ、本当に…」と言って絶句したままだった。

この、まるでクローン犬の見本のような存在に、帰宅した後も私は名状しがたい興奮に包まれていた。

この年の暮れの日記に、つぎのような句が書いてある。新聞か雑誌で見た句らしい。

船のように年逝く人をこぼしつつ　渚男

船のようにゆっくり流れている宇宙の時間、そのなかで私は今年も、マチルダに続いて、弟のような従弟の篤ちゃんをはじめ何人かの身近な者たちを失った。また、一つ年上ながらマチルダよりも元気だったアレックスも、マチルダの後を追うように昇天した…そんな考えにふけっていた年の瀬だけに、格別に心にしみる一句だったのだろう。

…そうだ、みんなこの世の時間からこぼれるように、あの世に行ってしまったのだ、と思ううち、アレックスの最期のときに山本先生が、

「ものが飲み込めなくなったら最後です」

とおっしゃって安楽死の処置をしたことを飼い主から伝え聞いたが、それを思い出した。

そして私は、そうか、生まれたばかりの胎児は、まず乳に吸い付いて飲むことで乳児になり、やがて視力などの五感を備え、学習によって知力を身に付けてゆく。その生涯を終えるときは、ちょうどこの逆順に老いを深め、脳の働きや五感を失った揚げ句、物を飲み込めなくなって死んでゆくのか、と気が付いた。

しかし、もうわが家には新しい生命が生まれることはないのだ…とも思うが、それでも、この冬も半ばを過ぎようとしつつある今、何回も子犬たちを育ててきたサンルームの前の池に

は、あと二月もすれば今年もまた蝌蚪《かと》（おたまじゃくし）の群れが湧き出し、金魚の産卵も始まるだろう。温かい血はないけれど、これもわが家に生まれる新しい生命に変わりはないのだと、春子と二人でこれらの季節の使者の訪れを待っている。

引退後、東京で余生を送るジェードはまだ元気で、この秋には近くの善福寺を散歩する写真を協会を通じて頂いているが、彼女も十三歳。マライヤは茨城の金谷君のところで、幸せに暮らしているが、すでに八歳になり、そろそろ繁殖から引退するころだ。そして春子も四月には喜寿になるなどと、時の流れを思わざるを得ない昨今である。

（二〇〇七年　一月）

犬と歩けば

犬と歩けば

(一) マドンナを想う

三日ほどマドンナを預かった。長女の夫が勤続表彰で特別休暇をもらい、新婚以来初めて夫婦二人で二泊三日のツアーを申し込み、その留守の間の世話を引き受けることになったのだ。

マドンナは、もともとはわが家で繁殖基礎犬としてアイメイト協会から預かっていたのだが、二産を終えてから遺伝的に問題があることが判り、若くして引退が決まった。その代わりとしてアメリカから来たマチルダをわが家で管理するため、マドンナは茅ヶ崎の長女の一家で飼うことになったのだ。マドンナが長女の家族の一員となって、もう五年ほどになる。

今年九歳になったマドンナは、幼犬のころから容姿にも恵まれ、性格や知能も大変優れていたのだが、何の因果か、引退後にさらに足の腫瘍が発見されるという不運にも見舞われていた。また、マドンナの引退が決まったころ、私も初めて大病を患ったということもあり、マドンナの不運を思うと、そのときの、自分もこのまま老いていくのかという張り合いのなさも同時に思い出すのである。

「えらいわね。絢子はマドンナを抱えて階下まで下ろしてやるんですって」

長女の家にいるときには、マドンナは、どうしても二階暮らしの家族のそばにいたいらしく、必死に二階に上がってくるのだという。しかし、前足が悪いから、二階に上がることはできても、自分で下りることはできない。だから、ダイエット中とはいえ、まだ二五キロもあるマドンナを、長女の絢子が抱いて下ろしてやるそうだ。

長女の話から始まって、一姫二太郎に恵まれた我が家の歩み、転勤を重ねながら育て上げた子どもたちやその折々の哀歓を共有した犬たちの思い出などをしばらく復習してから、妻はテニス、私はマチルダの運動と、夕暮れ前の一刻を過ごしに出掛ける。マドンナも同行したがるが無理だ。おまえはお留守番だよ、と言うと、自分の気持ちを素直に表して彼女は寂しそうに納得する。

マチルダが喜ぶ散歩コースに向かい、公園のベンチで一服。その一服の相伴にもらうドックビスケットで、主従二人は楽しみを分かつ。

冬のこの時刻には、人影もなく裸の木々が立つだけだった広場も、日が伸びて、子どもたちの声があふれ、犬連れの家族も増えた。桜のつぼみも膨らんでいる。季節が移ったのだ。

ベンチに夕冷えが流れてくる中で、私はふと昨夜の朗読会で、叔母の長岡輝子がアンコールに読んだ詩を思い出した。ある神父に宛てたその友人の詩で、作者の遺書か遺作らしいが、何行か抜粋してみよう。

最上のわざ

この世の最上のわざは何？
楽しい心で年をとり
…………
失望しそうなときに希望し
従順に平静に己の十字架をになう
…………
老いの重荷は神の賜物
古びた心に、これで最後の磨きをかける
…………
こうして何も出来なくなれば
それを謙遜に承諾するのだ
神は最後に一番良い仕事を残して下さる
それは祈りだ
手は何も出来ないけれども
最後まで合掌できる

愛する全ての人の上に
神の恵みを求めるために
（以下略）

（なお、文中「謙遜に」とあるのはもちろん「謙虚に」のことだが、これは外国人の神父自身による日本語訳で、叔母はいつもこの原本どおりに「謙遜」と朗読している。）

私の大病も、マドンナの悲痛な現状も、すべては神の賜物なのだろうか。そう考えればいくらか心休まる。しかし、それで病気が治るわけではない。何となく割り切れない気持ちを抱いて、私はベンチを離れ、マドンナの待つわが家に向かった。

人も犬も、病気はある程度避けられるが、運不運もある。しかし自然の老化は、心掛け次第で多少の遅速はあるものの、誰にでも公平だから仕方がない。それでもできれば私もマドンナも、自然に任せたまま、最後まで苦しみとは縁のない老後を送りながら、二人で長生き比べができるように祈るばかりである。

その日遅くなって旅から戻った長女は、盛りだくさんのお土産と交換に、マドンナを連れて梅の香が流れる春の闇の中を、車に乗って帰っていった。

マドンナにはどんなお土産があるのだろうか。

犬と歩けば

(二) 青春の日を想う

わが家のある鵠沼から引地川を超えると辻堂地区である。辻堂には、年に二、三回行き来する知人がおり、その日も私はマチルダとジェードとともに、橋を渡って辻堂の一画に入って行った。計画的な造成ではなく、一帯の畑や松林の中になし崩しに家が建って生まれたような住宅地で、そこに伸びる野道の正面にはかつての砂丘らしい小高い丘があり、点々と松がそびえるその斜面も大小の家々に埋められてしまったが、その上にはまだ広い空がある。そして両側には市民農園や「通学路」などという標識もあるこの道を歩くとき、私はいつも夏休みの子供の気分になり、

麦稈《むぎわら》帽子に　トマトを入れて
抱えて歩けば　暑いよおでこ
タララッタン　ラッタン　タン
タラララッタン　ラッタン　タン

という、幼いころ聞いた童謡を思い出す。随分他愛もない歌詞でメロディーも単純だが、い

まと違ってトマトが真夏の季節だけの野菜だった昭和初期に、房州保田の入江に面した母の実家の別荘で過ごした夏休みの思い出につながるものがあるのだ。この道を歩くたびにこの歌を思い出すのは、この住宅地の明るさを支える、砂地に松という組み合わせが、海辺の風物に他ならないからだろうか……などと考えながら歩いていると、

「その犬は同じ種類かね?」

と、後ろから声をかけられた。

マチルダは明るいイエローだが、ジェードは祖母がブラックなので茶色がかったイエローのうえ、ラブラドールとしては顔も目も細めで随分違う。にもかかわらず、道で声をかけてくるひとは大抵、「親子ですか」とか「兄弟?」というから、二頭の違いがわかるのは、ラブラドールを結構よく知っている相手らしいと思って振り返ると、少し腰が曲がりかけた老婆で、といっても、私より年上ということはなさそうだが、遠慮のない言葉遣いもこの野道にふさわしかった。ただ、この近辺の口調ではなく、どうやら関東以北のなまりがある。

私は相手の正体の見当もつかないままに、二匹とも同じラブラドールで、いずれも盲導犬の繁殖犬であることや、その飼育目的などを一緒に歩きながら説明した。彼女は意外に元気で、そうかねえ、本当だねえ、などと相づちを打っては、かわいいな、いい犬だねえ、とつぶやきながら並んでついてくる。

そのうち、

「東京の成城にあたしの知り合いがいて、やっぱり盲導犬の子育てを何頭もやっていたよ」と、突然思いがけないことを言い出した。

盲導犬の飼育奉仕者もずいぶん多くなったが、何頭も扱ったようなベテランなら見当がつく。

「もしかすると西村さん?」と聞くと、

「そう、西村哲也っていうひとだよ」との返事に、世の中は狭いというより以上に、成城の広い庭のある家に住み、夏は軽井沢で過ごす西村家と、この畑道が似合うお婆さんとは、どういう「あたしの知り合い」なのかと不思議に思った。その謎を解く糸口を探るうち知人の家に向う角になり、左折しかけたら、

「なあーんだ、そっちへ行くのかよ……」

と、いかにもつまんないなあ、と言わんばかりの表情になったまま、別人のように精彩を失って遠ざかっていった。

妙なお婆さんだな、と思いながら知人宅に行き、用事を済ませすぐに帰路に就いた。松林のかなたの空は一面に夕焼けて、穏やかだった歳末の一日が暮れようとしていた。そして私は、すでに幼時の夏休みの夢から覚め、再びもとの現実の世界に戻っていた。

その夜、ちょうど西村さんから電話があったついでに尋ねたら、

「はて、誰だろう……誰かな……」と言ったまましばらくたって、

「ああ、あの人でしょう、むかし家で働いていた女中、お手伝いさんですよ。去年旦那さんを亡くしましてねえ……」と判り、引き続き、

「そうですか、元気でしたか？　いろいろと不思議なご縁があるものですなあ……いまでも、暮れなんかの忙しいときに来てもらったりするんですよ……」

という間柄だったらしい。

このような次第で、昼間の路傍での謎はあっけなく解けたようだが、私の心中には、まだ何となくすっきりしないものがくすぶっていた。


その夜、ベッドの中で眠りを追いながら、私は突然、思い当たることがあった。

いくら犬好きでも、あの別れ際の落胆ぶりにはそれなりの意味があり、彼女はあのとき、おそらく家事の中にはかわいい犬の世話も含まれていた成城時代の日々、いわばかけがえのない「わが若かりし日」の一コマ一コマを、マチルダとジェードを見て回想していたのではなかろうか。当時の表現でいえば「女中」だが、これが必ずしも差別語ではなかった実例は、わが家に限らず世間にはいくらでもあった。家族の一員といっても良い立場にいたひともあったと思う。

言葉の是非はさておき、ひとそれぞれの境遇は違っても、誰にでも「若き日」がある。

私自身も、自分の青春は学徒出陣のために未開花のつぼみのまま、ついに花開くことはなかったとあきらめていた。しかし、顧みればあの不本意、理不尽な軍隊生活の日々にあっても、あれがわが青春だったのか、と思い当たる瞬間も少なくない。青春とは、必ずしも自由で屈託のない若い時代だけを意味するのではなく、束縛や忍耐、あるいは病苦の中にあっても、未来に対するあこがれや期待と、みずみずしい感受性を失わない人生の日の出、朝日が昇りはじめる一時期をいうものだと思うようになったからである。そして私たちの世代は、厚い雲に覆われながらも日が昇ったのち、晴雨こもごもの人生の軌道を描いてきたのだ。

同じように彼女も、若かりし成城時代を経たのち結婚し、この辻堂に所帯を持って以来の人生を歩み、いまは夫に先立たれた朝夕を送る境涯にある。そしてあのとき、私の二匹のラブラドールを見て、はるか遠い日々となった成城時代の夢を追っていたに違いない。その彼女の一瞬の夢が、あの分かれ道のところで突然破られことを、あのときの彼女の落胆ぶりが物語っているのではなかろうか……。

まずそんなところだろうと、自分の謎の答えのつじつまを合わせ得て、私は改めて、トマトの童謡以来の、半世紀をはるかに上回るわが歳月を顧みながら、今年も残り少なくなった年の瀬の眠りを追いはじめた。昔の夢は遠ざかる一方だが、同じ速さで着々と近づく終点のことは、いくら考えても仕方がない。ひたすら平安を祈るほかはないだろう。

犬と歩けば

(三) 犬の結んだ縁を想う

ジェードの子供、ティレニヤの使用者になった横浜のSさんは、わが家の最初の飼育奉仕で育てたデイジイがシャロンと名前を変えて、彼女にとって最初の盲導犬になったという間柄だ。

当時彼女は、私の職場の近所にある、障害者の授産施設に電話交換手として通っていた。まだ珍しかった盲導犬と一緒に、込んだ電車に乗ってくるという噂はよく耳にしていた。彼女の勤務先を訪ね、ご本人とかつてのデイジイ（当時のシャロン）とに会ったこともある。このお互いに初めてという記念すべき体験を、同じ犬を通じて共有しているというご縁が、ティレニヤによって改めて深まった。

ティレニヤは、Sさんにとっては三頭目のアイメイトだから、あれから二十年以上の歳月を経ている。しかしSさんが最初のシャロン（デイジイ）のときと全く変わりなくティレニヤを信頼し、自分の至宝として誇らしげに連れ歩く姿や、若々しい、少女のように輝く表情や声は、この歳月を全く思わせず、懐かしく嬉しい。

一方、ティレニヤの同胎犬で失格になった雄のハルナからは、また思いがけないご縁が生まれた。

ハルナは、人込みの中に入ると落ち着かなくなる、という理由で盲導犬になれなかった犬だが、家庭犬としては差し支えないので、プールの仲間で鎌倉に住む木村さんが引き受けてくださった。彼は由比ガ浜の人気者になったり、時には趣味のヨットで房州あたりまで一緒に乗せてもらったりなどと可愛がられていた。

木村さんとはずいぶん親しい間柄になり、その後すっかりラブラドールが気に入った木村夫妻からもう一匹欲しいと頼まれ、私の長男の犬が生んだバナナというラブラドールの子犬を差し上げた。

後日、このバナナが産んだ子犬が、偶然NHKドラマの「盲導犬クイール」に出演することとなり、その縁で、主役のクイールがすっかり老いてその劇的な一生を終わるという最終回の感動的な場面にマチルダが起用され、彼女はその期待に応えたのだ。

このドラマは全国ネットで放映された。人の良いお姫様がそのまま穏やかに年を重ねたようなマチルダは、製作中でもスタッフの人気者だったというし、また、そのありのままの姿で、全国の多くの視聴者の胸を熱くさせたらしい。

以来マチルダと散歩していると、見知らぬ人から、「テレビに出た犬ですか？」とよく聞かれる。今は静かに老いつつある彼女の最後のお勤めは、テレビ出演という思いがけない形で実を結ぶこととなった。

顧みると、本来ならば白寿の老母を夫婦二人で守るだけの起伏の乏しい年金暮らしに、犬たちを介した様々な出来事が折々の彩りを添えてくれていた。

彼らの子犬が生まれるたびに、幼い生命を育てるという息抜きと楽しみの機会にも恵まれ、彼らを媒介にさまざまな方との縁が広がるのである。

犬と歩けば

（四）第二の余生を想う

朝食のあと、掃除機の音を部屋いっぱいに響かせていた春子が、あら、始まったのかしら、といってその音を止めた。食堂のコルクの床に、黒ずんだ小さなしみがあったらしい。念のために犬たちの寝場所にしているサンルームを調べると、コンクリートの床にもそれらしき血痕《けっこん》が一つ、二つあったから、間違いなくジェードの出血が始まったのだ。

いまわが家では十才を過ぎたマチルダと、今年六才になったジェードの二匹のラブラドールの雌犬を、盲導犬の繁殖用としてアイメイト協会から預かっている。マチルダはすでに引退しており、ジェードは、今までに年二回ずつ早くも八産、六十頭以上の子どもを生んでいる。ふっくらとした口元や大きく丸い目、それに太いしっぽが売り物のラブラドールとしては、ジェードは顔が長めで目もやや細く、美人とは言えない。おまけに細く貧相なしっぽだが、それがかえっていじらしく、また子どもたちの性格や性能がそろって良いので、協会の貴重な基礎犬になっている。しかし、外見はまだ若々しいが、五ヵ月前に八産目を生んだ彼女は、この年で早くも六十頭に及ぶ子どもを育てており、いかに多産な彼女でも今回は一回休ませた上でそろそろ引退させては、と協会と話し合っている。

犬たちは、普段は室内で一緒に暮らしているが、一方の出血が始まると、差別待遇を避けるために二匹そろって終日サンルームに監禁ということになる。一方にはありがたくないお相伴だが、非常に甘ったれだが素直でもある彼女たちは、不思議そうな顔はするものの、突然変更された処遇にもすぐに慣れてしまう。それでもというか、むしろそれだからこそ毎日の運動は欠かせないことになる。

その日もいつものように、夕風が立ちはじめるころに私は二匹を連れ出した。残暑とはいえ、さすがに九月に入るとアスファルトの路面のほてりも心なしか和らいでくる。ひっそりとした街並みを彩っていた百日紅もほとんど終り、芙蓉や垣根に絡ませた朝顔の蔓《つる》にも、花よりは種子《たね》が目立つようになった。風がよく吹き抜けるコースを選んでいつもよく一服する公園に行き、広場の一隅にあるベンチに陣取ると、松や欅の間に点在する桜のこずえから、早くも病《わくら》葉《ば》が落ちてきたりする。朝から雨が降ったりやんだりした後だけに、普段はまだ子どもたちの声がにぎやかに残っているはずだが、湿った大気のほかには誰もいない。私はしばらく、とりとめもないことをあれこれ考えていた

そのうち、背後に草を踏み分ける足音がしたと思ったら、ビーグルを伴った年配の婦人が近づいてきた。今まで見かけない人だが、カジュアルジャケットにスラックスという、犬の散歩にしては少し改まった服装で、落ち着いた茶色のパンプスを履いている。普段はお嬢さんかお嫁さんがしている犬の散歩を、臨時に引き受けてきたような感じである。

「そのビーグルは雄ですか？」と聞くと、

「雄ですの、もう九歳です」この公園の常連である若い母親たちにはない深みのある眼差しで、自分の犬を振り返る。

「じゃあ、あまり近づけないで下さい、これが発情……出血しているから」と、私は言い直しながら事情を説明した。

犬の発情を一般にはシーズンというが、長年乳牛相手の仕事をしてきた私は、当時の癖で発情という言葉がつい出てしまう。確かに的確な言葉だが、なんとなくむき出しの感じがするし、さかりが来ている、では、いかにも下品だ。また、妙なカタカナ言葉は安っぽくて嫌だから、「シーズン」の代りに出血していると言うことが多い。

事情を察した相手は、広場の少し離れたところをゆっくりと行き来していたが、先ほどの話だけでは少し素っ気ないと思ったので、

「このごろは野良犬がいなくなったから安心ですが……」

と、改めて声をかけ、昔のように野良犬がうろうろしていたら、においをかぎつけた雄犬どもの集団を追っ払うのが大変だったろうなどと考えていると、

「この間テレビで拝見しましたが、盲導犬の子犬を産ませていらっしゃるんですの？」と、少し距離を置いたまま、彼女が話をつないできた。

最近、今まで百匹以上の子犬を産ませてきたことがＮＨＫのニュースで紹介され、意外なと

ころに偶然見た人がいるので驚いたが、この人もその一人だったようだ。私は、

「これはマチルダ。アメリカ生まれらしく素直で甘ったれ、少し平凡ですがまるでお姫さまのようにおっとりとした犬です。こっちのジェードは国産ですが、対照的に、働き者の女中さんのように役に立つ犬で、こいつの子どもたちは随分評判がいいんです」

と、マチルダの性質の良さや、ジェードの外貌に似合わない真価を披露した。

「雄はどうするんですか」

と、彼女が話を続ける。

「協会の種雄がいて、普段は何人かの協力者のお宅で飼育されているんですが、協会へ連れていって、それを交配するんです」

と、答えると、

「いいえ、種雄のことではなく、普通、雄犬は盲導犬にならないと聞きましたが……」

「ああ、そのことですか。シェパードは雌だけですが、ラブラドールは雄でも使いますよ。しかし体格の関係で雌のほうが便利ですが……いずれにしても、雄も雌も避妊手術をします。いくら訓練しても性本能だけは抑えられないからです」

「だから、後になって非常に性能が良いことがわかっても、今さらその犬の子は遺せないという場合もあります。そんなことを思うと、いろいろ考え方はありますが、繁殖能力を失っても同じものを体細胞から作り出せるクローン技術を、私は頭から否定できないんです。確かな

ものだけがそろえば、失格犬のロスもなくなりますし……家庭犬としては何ら問題がなくても、車に酔ったり、大きな音を恐がるために盲導犬には使えないものもあるんです」

私は、ただの愛犬談義以上の話題がこの人にはふさわしいような感じがして、盲導犬の宿命に伴う、繁殖上の大きな課題に言及しながら、協会から麻薬犬や警察犬として寄贈されて活躍中の、わが家で生まれた何頭かの雄の子犬たちのことを思い出していた。

幸い、彼女の犬はビーグルとしては落ち着いていて、おとなしく主人のそばに控えている。こちらの二匹も、同類のラブラドール以外にはあまり関心を示さないので、私たちの会話が妨げられることはない。

だが、お互いに初対面でもあり、あとは当たり障りのない話だけで、やがて、軽い会釈をして彼女は公園から立ち去っていった。

嬉しそうに腰をふりながら遠ざかるビーグルの後ろ姿を見送るうち、いまジェードを交配したら十一月の終わりごろに出産し、年末年始は、生後一ヵ月のちょうど子犬の世話に振り回される時期と重なるが、それもできないことはない……などと、また心が動いてきた。

初対面の人と繁殖の話をしたためか、生まれた子犬が巣立つまでの約二ヵ月間以外は、普通のペットとまったく変わらないのんきなもので、その気楽な時間が長過ぎるのが申し訳ないように思われてきたのである。

こうして私はまた、今の機会を見逃さずにジェードを交配したい誘惑に駆られていた。ジェードのお産はいつですか、などと待ちわびている飼育希望者もいるし、いま交配すれば十一月の下旬の出産になり、世話が焼けても、かわいさが増してくるいちばん良いときに冬休みで孫たちがやってくるから、喜んで手伝ってくれるだろう……。

このように、犬だけを相手に過ごしていると、何かにつけて、理性よりは愛情や情緒におぼれそうになり、次の子を早く見たいなどと迷ったりするが、残りの家路を歩むうち、私はふたたび現実の問題に戻っていった。

協会の方針どおり、次回、恐らく来年の春先になるジェードのお産が、私たちの最後のお勤めになるかもしれない。代わりの新しい犬を受け持つには、自分の体力はすでに相当怪しく、あとは役割を終えた二匹の犬と長生き比べになるだけだ。いままで自分の余生を支えてきた役割も終わり、その間に、子犬の配布を通じて知り合った多くの人々と分かち合ってきた喜びや感動も、もう味わえない……。

一家を挙げて嬉々として、また、時には一喜一憂しながら子犬を成犬に仕上げたのち、盲導犬の候補犬として供給してくださる飼育奉仕者の方々から、私はその喜びや感動を共有するほか、学ぶところも少なくなかったのである。

私は改めて第二の余生を迎えることになるが、それはいままでよりははるかに短い、つまり最後の余生というべきものなのだろう。そして、使命を終えた彼らもまた、ただの老いたるペットとして、お互いの生涯の終幕を迎える前の、束の間の小春日和を過ごすのだ……。

私の感懐を知る由もなく、二匹の犬はただ黙々と、しかし、彼らの食事時間が近いことを、何気なく私に悟らせるような歩様でついてくる。そのけなげな抑制ぶりに応えて、私は幾分足を早めながら、動物は自らの老化を考えることがあるのだろうかと思っていた。恐らく彼らの念頭には、今現在の私の動向や路傍の情況、それに間もなくありつける食事のことしかないだろう。彼らは過去は忘れないが、未来という認識はなく、ただ現在あるのみ。そしてなるがままに老いてゆくに違いない。

そんな彼らの様子を見ながら、わたしも遠い先のことはともかく、明日は久しぶりに川べりの道を歩いてみよう、そろそろ鴨の群れが見られるはずだなどと考えていた。

あとがき

　昭和五十二年（一九七七年）のゴールデンウィークの最中に、縁あってラブラドールのポピイとデイジイの二匹を迎え、盲導犬の子犬の飼育奉仕を始めてから今年で三十年になる。乳牛の世界で働いてきた私が、おかげで、犬をめぐる新しい世界を知り、学ぶところも多かったし、犬たちを囲んで一家の思い出を重ねてきた。

　ただ、三十年とはいえはじめの十年はまだ在職中で、八頭の飼育奉仕とシェパードのジャスミンの繁殖は、妻と次女の雅子任せだったから、最初に来たポピイとデイジイの印象はさすがに鮮明だが、続いて飼育奉仕をした六頭については以下同文の感じで、五回も出産させたジャスミンのいた時期も、断片的な思い出があるだけだ。

　完全に退職してから今年までは二十年になるが、よく晴れた初夏の退職当日、これからは好きなことが何でもできる、という底抜けの解放感は忘れがたい。

　　定年を犬も喜ぶ合歓の徑

という句も残っているが、とりあえず家族任せだった犬の世話を肩代わりした。当時はジャスミンがいたが、毎日彼女を連れて歩く途中、公園のベンチで一服しながら目にするのは、セールスマンの車や配達のトラックのほか、家事の合間の寸暇を割いて犬を散歩させる主婦などばかりで、やがて、あれが生きているこの世の姿、白昼のんびりと犬をつれてブラブラしている私には、もう戻ることができない、自分を必要としない世界なのだと、永久失業のわが身が気になった。そんな不安定な日々を過ごすうちに、現役時代には気が付かなかった「わが町」周辺の春夏秋冬の風物や、人々の営みを眺める余裕も生まれ、わが身を支えるのは肩書き抜きの自分だけだと悟りもしたが、問題は、犬の世話のほかに何を為すべきか、ということだった。

わたしの青春は学徒出陣という嵐で未開花に終わったが、その未練はいつまでも燻っていた。そしてこの際、その蕾《つぼみ》を開花させたいと、往年読み耽っていた本を再読したり、昔の名演奏家の曲を聴いたりして、錆ついた往時の頃の夏休みの宿題を、この年になって片付けてみようと思い立ったのである。

中学二年のころから折にふれてつくり貯めてきた俳句を整理したり、勤務した各地の思い出を書き残すことも課題になった。

その一部から選んだこの本は、犬とともに過ごした日々の思い出を家族のために残したもともと個人的な記録で、盲導犬をめぐるエピソードを綴ってはいるものの、犬好きの一家が哀歓をともにしながら、結果として多少は社会に貢献した上、教えられるところも多かったに過ぎず、盲導犬ボランティアの一例などという殊勝なものではない。私自身は、ただ条件や人脈に恵まれていただけだと思っている。

しかし、ボランティアをなさるにはまことに有意義な分野であり、繁殖は別として、子犬の飼育奉仕のほかに、リタイヤ犬の引き受け、協会の事業の応援や、アイメイト使用者に対する支援、例えば盲人マラソンの伴走者までもあるなどと、ボランティアの出番はいくらでもある。

また、盲導犬の世界はその使用者を含めて理解すべきもので、ただの愛犬家とは違う、はるかに社会的な視野をもって犬と付き合えたというのが私の実感であり、多くの心ある方々のご支援を是非お願いしたい。

奇しくもアイメイト誕生五十年、千頭目も達成という記念すべき年にこの本が日の目を見ることになったことは、望外の喜びであり、心からお礼申し上げる次第である。

また長年お世話になり、多くのご教示を頂いた塩屋賢一先生以下協会の皆様や、犬を介してご厚誼頂いた方々に厚く御礼申し上げ、今後のご発展をお祈りしつつ結びのご挨拶とさせて頂く次第である。

平成十九年五月

井上震太郎

ISBN 978-4-86053-067-9

犬たちの卒業アルバム
—定年からの盲導犬ボランティアの日々—

2007年9月10日　定価〔本体1400円＋税〕
著　者　井上震太郎
発行者　佐藤民人
発行所　オクムラ書店
〒101-0061　東京都千代田区三崎町2-12-7
電話03(3263)9994　振替00180-5-149404

ありがとうMy Dog

増田ユリヤ

私の一生はおそらく十年から十五年くらいでしょう
その短い生涯の間に
少しでもあなたと離れていることは
私にとってとてもつらいことなのです
私を迎えてくださる前に
どうかそのことを思い起こして

（「犬の十戒」より）

犬から教わった大切な気持ちを、犬を愛するひとたちの日常とともに描いた物語集

定価：一二六〇円（税込）